INHALT

VORWORT

Eine bekannte Großstadtlegende erzählt von einem Amerikaner, der während all der erbärmlichen Jahre des Vietnamkrieges jede Woche einen Tag lang vor dem Weißen Haus in Washington gegen den Krieg demonstrierte.

Irgendwann fragte ihn ein zynischer Journalist: »Glauben Sie wirklich, dass Sie damit die Welt verändern?« Der Demonstrant staunte: »Die Welt verändern? Bestimmt nicht. Ich sorge nur dafür, dass die Welt mich nicht verändert.«

Diese Geschichte erzähle ich jedes Mal, wenn man mich fragt, warum ich auch nach Jahrzehnten noch immer über die Notwendigkeit rede und schreibe, Frieden zwischen Israel und seinen Nachbarn zu erlangen.

Doch als ich mich heute, Anfang Oktober 2017, hinsetzte, um das Vorwort zu dem vorliegenden Band zu schreiben, merkte ich plötzlich, dass die Antwort dieses klugen Amerikaners meine Antwort nicht genau trifft. Natürlich will ich nicht, dass »die Welt« – also die harte Wirklichkeit, in der ich lebe – mich verändert. Welcher Mensch bei Verstand möchte schon das Produkt einer dermaßen deformierten und vom Hass zerfressenen Wirklichkeit sein. Meine Antwort auf die Frage des zynischen Journalisten lautet vielmehr: Obwohl die gegenwärtige Situation alle Hoffnung auf Frieden widerlegt und ihr hohnlacht, und trotz all dem, was ich in meinem Leben erfahren und durchgemacht habe, glaube ich noch immer fest, dass Frieden zwischen Israel und seinen Nachbarn, vor allem den Palästinensern, nicht nur möglich, sondern absolut notwendig ist, und zwar für beide Seiten. Wenn es ihnen gelänge, sich zu einem Frieden durchzuringen, würde dies ihre Chancen auf ein Weiterbestehen massiv verbessern.

*

Vor einigen Tagen sprach ich mit einem Wortführer des rechten Lagers in Israel, einem hohen Vertreter der israelischen Regierung. Er sagte zu mir: »Die Linke in Israel ist doch naiv. Sie hat sich in Illusionen verrannt. Ihr glaubt, wenn es ein Problem gibt, dann gäbe es auch eine Lösung. Aber es gibt Konflikte, die sind nicht lösbar, und dieser Konflikt, das verspreche ich Ihnen, wird noch hundert Jahre andauern.«

Ich antwortete ihm, ich hätte keine Ahnung, was in hundert Jahren (oder auch nur in hundert Minuten) hier geschehen wird, aber ich sei davon überzeugt, dass die Dinge, die wir, die an diesem Konflikt beteiligten Bürger, heute tun, einen nicht zu unterschätzenden Einfluss auf die Möglichkeit haben, den Konflikt zu lösen, bevor hundert Jahre verstrichen sind, aber ebenso auf die Möglichkeit, dass er weitaus länger als hundert Jahre andauern wird.

Darüber hinaus habe ich keine Zweifel, dass sich die Art und Weise, wie wir die Geschichte des Konflikts uns selbst erzählen, auf unsere Fähigkeit auswirkt, uns aus ihm zu befreien oder eben noch tiefer in ihm zu versinken.

Schon jahrzehntelang sprechen wir vom »israelischen Narrativ« und vom »palästinensischen Narrativ« und von der Unmöglichkeit, dass sie nebeneinander existieren. Es gehört zum Wesen von Narrativen, dass sie nur schwerlich Kompromisse mit anderen Narrativen eingehen. Sie sind meist schlagzeilenartig und in absoluten Begriffen formuliert. Oft ist ein Narrativ eine bereits versteinerte Geschichte. Und dort, wo zwei Versteinerungen aufeinanderstoßen, gibt es kein Leben und keine Bewegung, wie es der israelische Lyriker Jehuda Amichai so treffend beschrieb: »Dort, wo wir recht haben, werden niemals Blumen wachsen.«

Wir alle kennen Menschen, die nach vielen Jahren in persönlichen oder familiären Narrativen gefangen sind und gar nicht merken, wie inaktuell und längst erstarrt diese Narrative sind und wie wenig sie ihr heutiges Leben, etwa das Verhältnis zu ihren Eltern oder zu ihren Partnern, noch angemessen und umfassend beschreiben. Diese Menschen merken nicht, dass sie eigentlich längst aus ihren Narrativen herausgewachsen sind und sich aus ihnen befreien könnten, statt Gefangene vergangener Verletzungen und Kränkungen zu bleiben.

Auch Völker sind manchmal in ihren Narrativen gefangen, in ihrer »offiziellen Geschichte«, in Wunden und Kränkungen und in der Pracht ihrer Vergangenheit – seien sie nun wirklich oder eingebildet –, in nationalen Mythen ihrer Geschichte, die sie ihren Nachkommen von Generation zu Generation weitergeben. Einst hatten diese konstitutiven Mythen eine wichtige Funktion bei der Entstehung der Identität und des Bewusstseins des Volkes, aber vielleicht ist die Zeit gekommen, dass das Volk sie jetzt anders betrachten kann?

Ich schreibe und höre meine Worte in dem schrecklichen Resonanzraum der Geschichte Deutschlands und der Juden. Ich höre sie auch im Resonanzraum der heutigen Beziehungen zwischen Israel und Deutschland mit ihrer ganzen Komplexität, ihren Narben und den Chancen, die sie bergen.

Ich frage mich: Bin vielleicht auch ich im Narrativ eines illusionären Friedens gefangen? Muss vielleicht auch ich mich mit der Möglichkeit abfinden, dass es Israelis und Palästinensern nicht gelingen wird, sich aus dem Teufelskreis von Hass und Gewalt zu befreien? Gibt es vielleicht tatsächlich Konflikte, die nicht zu lösen sind?

Zu meiner Verteidigung will ich nur sagen: Den Luxus zu verzweifeln kann ich mir nicht leisten. Ich habe in Israel Kinder und Enkel, und ich möchte, dass sie hierbleiben können und ein Leben in Frieden kennenlernen. Wenn die Situation so, wie sie ist, noch hundert Jahre weiter besteht, wie es mir jener hohe Regierungsvertreter mit eigenartiger Freude versicherte, dann werden nur noch Fanatiker und Militante hierbleiben wollen. Nur Menschen, die der endlose Krieg in seinem Ebenbilde geformt hat.

Wenn ich in meinen Büchern von den Beziehungen zwischen Partnern, zwischen Eltern und Kindern oder unter Geschwistern schreibe, und auch wenn ich über die Situation von Israelis und Palästinensern schreibe, versuche ich so gut ich kann, das Narrativ, jedes Narrativ, auch mein eigenes, wenigstens ein bisschen aufzuweichen, damit es wieder zu einer Geschichte, zu einer Geschichte von lebendigen Menschen wird, die manchmal leiden und manchmal hoffen, von Menschen, die sich fürchten, zweifeln und lieben, von Menschen mit der Sehnsucht nach etwas Besserem.

Das ist der Wunsch. Das ist der Hintergrund des vorliegenden Buches.

David Grossman, Oktober 2017

Aus dem Hebräischen von Anne Birkenhauer

ALLEN GEWALTEN ZUM TROTZ

Rede anlässlich der Verleihung des Geschwister-Scholl-Preises in München am 24.11.2008

Schalom und guten Abend.

Ich bin sehr bewegt, diesen nach den Geschwistern Scholl benannten Preis entgegenzunehmen, und möchte Ihnen gerne erklären, warum er für mich so wichtig und bedeutsam ist.

Vor einigen Jahren erzählte mir ein nicht mehr junger jüdischer Mann folgende Geschichte: In seiner Jugend in Wilna, das schon von den Nazis besetzt war, spielte er mit Freunden auf dem Schulhof Fußball. Jüdische und christliche Jungen kickten zusammen, es war ein wildes, begeistertes Spiel, als plötzlich überall in der Stadt die Lautsprecher ertönten und eine »Akzia« ankündigten.

Kurz darauf stürmten deutsche Soldaten den Schulhof und nahmen die jüdischen Jugendlichen fest. Eine Stunde später steckten sie bereits in einem Zug, der sie in die Vernichtungslager fuhr. Der Zug fuhr nahe am Schulhof vorbei. Die Jungen schauten durch die Ritzen des Waggons und sahen, wie die anderen dort weiter Fußball spielten.

Eine kleine, nicht besonders dramatische Geschichte. In

jener Zeit geschahen, wie wir wissen, weitaus entsetzlichere Dinge. Und doch lässt mich diese Geschichte, seit ich sie gehört habe, nicht mehr los. Sie erzählt mir vor allem von einer raffinierten und zweifelhaften Fähigkeit des Menschen: Er kann beschließen, nicht zu wissen, was direkt um ihn herum wirklich passiert. Beschließen, sich selbst keine Rechenschaft darüber abzulegen. Einfach die Augen zu verschließen und weiterzumachen, als sei nichts geschehen.

Sie verleihen mir heute diesen ehrenvollen Preis, benannt nach zwei jungen Menschen, die eine für sie schwierige und gefährliche Entscheidung trafen: Nicht die Augen zu verschließen. Nicht weiterzumachen, als geschehe nichts. Im Gegenteil: Sie beschlossen, alles zu sehen. Sie gingen durch die Welt, als hätten sie sich die Augenlider ausgerissen, und sie legten Rechenschaft über alles ab, was sie sahen.

Und als sie sahen, was geschah, hatten sie den Mut, die Dinge beim Namen zu nennen. Sie nannten Mord – Mord, Böses – böse, Wahnsinn – Wahnsinn. Sie weigerten sich, jene Sprache und die Denkmuster zu übernehmen, die die Regierenden, das Militär, die Presse, eine riesige Propagandamaschine und der »Zeitgeist« für sie geschaffen hatten. Bei ihrem Prozess fragte sie der Präsident des Volksgerichtshofs, wie sie ihre Taten erklären könnten, und Sophie Scholl antwortete ihm in ihrer klaren und einfachen Aufrichtigkeit: »Einer muss ja doch mal schließlich damit anfangen.«

Sie haben angefangen, und das war sehr mutig. Ich weiß nicht, wer von Ihnen, die Sie hier in diesem Saal sitzen, in der Lage gewesen wäre, zu tun, was sie getan haben. Ich weiß nicht, ob ich in der Lage gewesen wäre, zu tun, was sie getan haben. Hätte ich wohl den Mut gehabt, so dermaßen anders zu sein, so einsam, mir selbst so treu inmitten einer ganzen Gesellschaft, eines ganzen Volks, das anders dachte und anders handelte? Ich hoffe, dass ja, aber es wäre gelogen, wenn ich sagen würde, ich sei mir sicher.

Ich habe *Stichwort: Liebe*, einen Roman über die Schoah, geschrieben, um unter anderem genau auf diese Frage zu antworten: Wie hätte ich mich verhalten, wenn ich damals gelebt hätte? Hätte ich es gewagt – oder wäre ich überhaupt in der Lage gewesen –, in diesem alle mitreißenden, gewalttätigen Strudel ich selbst zu bleiben? Natürlich habe ich mich zuerst gefragt, wie ich mich *als Jude* verhalten hätte. Als einer, dem alles, was ihm teuer war, genommen wurde und der selbst schon zur Vernichtung bestimmt war. Wie hätte ich versucht – und hätte ich die Kraft dazu gehabt, meine Selbständigkeit zu behalten, den menschlichen Funken in mir zu bewahren, in einer Situation, die ganz und gar darauf angelegt war, mich vom Antlitz der Erde und aus dem Bewusstsein überhaupt auszulöschen?

Doch noch eine andere Frage beschäftigte mich beim Schreiben von *Stichwort: Liebe*. Wenn ich in jener Zeit Deutscher gewesen wäre, wäre ich in der Lage gewesen, gegenüber dieser Welle, die beinahe das ganze deutsche Volk erfasste, standhaft zu bleiben? Hätte ich in mir Antikörper gegen das gewalttätige, rassistische, nationalistische Fieber gefunden, das eine ganze Nation befallen hatte? Hätte ich rechtzeitig erkannt, wo ich bereits anfange, mit dem System und seinen so raffinierten Mechanismen zu kooperieren, die dazu führen sollten, dass normale, seelisch ausgeglichene und auch ziemlich moralische und anständige Leute nach und nach ihr selbständiges Denken, ihren freien Willen und die Werte einer universalen Ethik, nach der sie bisher gelebt hatten, aufgeben?

Liebe Freunde,

es fällt mir schwer, Deutsche anzusprechen, wenn ich über die Schoah rede. Fast immer habe ich den Eindruck, dass es mir nicht gelingt, genau auszudrücken, was ich sagen will. Immer ist da eine kleine Verzerrung drin, eine Überempfindlichkeit oder eine Übertreibung. Statt meinen ganz persönlichen Schmerz auszudrücken, ertappe ich mich manchmal dabei, dass ich als »Vertreter von« rede. Ich bin mir gegenüber misstrauisch geworden, prüfe, ob ich nicht unbeabsichtigt an einer Stelle emotional manipuliere, an der absolute Klarheit vonnöten wäre. Ich weiß zum Beispiel, wie bestimmend bei mir das Gefühl der Kränkung ist, wenn ich daran denke, was in der Schoah passiert ist. Nicht Wut, Hass oder der Wunsch nach Rache, vielmehr eine bittere Kränkung, dass Menschen anderen so etwas angetan haben.

Und ich weiß, mit keinem anderen Gefühl als dem der Kränkung kann der Mensch sich dermaßen in resignierter Verbitterung festfahren, und die ist an sich schon demütigend.

Und siehe da, gerade der Fall der Geschwister Sophie und Hans Scholl und ihrer Freunde aus dem deutschen Untergrund der »Weißen Rose« ermöglicht mir, und vielleicht nicht nur mir, über etwas zu sprechen, was hier in München, in Deutschland, in Europa passiert ist, ohne in den Bann ebendieser Kränkung zu geraten.

Die Geschwister Scholl haben ja mitten in einer Realität des Schweigens und des Nichthinschauens, in der sich die meisten von einer Welle nationalistischer und rassistischer

Triebe mitreißen ließen, mutig ihre kleine Untergrundzelle gegründet. Obwohl es die Ausnahme ist, formuliert ihr Handeln ganz klar die schlichte und doch so schwer umzusetzende Tatsache, dass in beinahe jeder Situation ein gewisses Maß an Entscheidungsfreiheit besteht; dass auch in einem System absoluter Willkür jeder Mensch einen gewissen Spielraum hat, selbständig zu bleiben, sich anders zu definieren und sich damit diesem Herrschaftssystem zu entziehen.

*

Willkür, Tyrannei und die Art, wie Menschen ihnen begegnen, beschäftigen mich bei allem, was ich schreibe. In fast jedem meiner Bücher gibt es den Versuch – oder den Wunsch –, geradezu untergrundartige »Zellen« des freien Willens, der Individualität und Idiosynkrasie zu schaffen, und das inmitten einer Realität von Willkür, Zwang und Entfremdung. Die Figuren, die ich beschreibe, kämpfen fast immer gegen ein starres, gleichgültiges und undurchdringliches »System«, sei es die erniedrigende Realität militärischer Besatzung oder die Art und Weise, wie wir alle lernen, uns an die erste uns als Menschen begegnende Willkür zu gewöhnen, die Willkür des Körpers und die Art und Weise, in der unsere Seele – die freie, bewegliche und scheinbar unendliche – gezwungen ist, sich an die beschränkte physische Dimension zu gewöhnen. An diese ganze komplizierte Bürokratie unseres Körpers.

In meinen anderen Büchern, vor allem in meinem letzten Roman *Eine Frau flieht vor einer Nachricht*, der nächstes Jahr auch auf Deutsch erscheinen wird, und auch in *Die Kraft zur Korrektur*, habe ich unter anderem versucht, die Lebenswirklichkeit im heutigen Israel zu beschreiben: zum einen die Gefahr, den Ängsten und der Hoffnungslosigkeit zu erliegen, die der andauernde Konflikt mit den arabischen Staaten erzeugt, zum andern die gewaltigen Anstrengungen, die intime und verletzliche Zelle der Familie in einer derart brutalen Wirklichkeit zu beschützen.

Schaut man sich heute die Israelis – und auch die Palästinenser – an, kann man sehen, wie die äußerliche Willkür der »Lage«, in der sie gefangen sind, bis in die innersten Zellen beider Völker eindringt. Wie sie sich schon über Jahrzehnte in einem festgefahrenen, beinahe automatischen Mechanismus von Schlag und Gegenschlag, von Resignation und kurzer Euphorie sofort danach bewegen. Man kann sehen, wie wir alle – Israelis und Palästinenser – Geiseln einer Situation wurden, in der wir von Tag zu Tag weniger Handlungsfreiheit, Gedankenfreiheit und Willensfreiheit haben.

*

Ich schreibe seit dreißig Jahren, und ich weiß: Jedes Mal, wenn ich über einen Kampf gegen die Willkür schrieb, entdeckte ich von Neuem, dass, wenn ich so genau wie möglich die Beziehungen zwischen dem Einzelnen und dieser Willkür beschrieb, etwas in mir sich veränderte. Etwas in mir wurde erlöst. Wenn ich noch ein bisschen mehr um die Genauigkeit der Beschreibung, der Empfindungen, der feinsten Nuancen dieses Kampfes gerungen hatte, wenn ich mich selbst in meinen Worten sozusagen neu formuliert hatte – in einer um mich herum immer mehr erstarrenden Situation –, dann kam ich einen Millimeter weiter an jener Stelle zwischen mir und dem, was mir vorher als etwas Unüberwindbares erschienen war.

Nicht, dass ich einen besseren Weg gefunden hätte, mit den widerstreitenden Kräften von Körper und Seele zu leben. Nicht, dass ich wirklich verstanden hätte, wie ein Mensch sich selbst so auslöschen kann, dass er Bestandteil einer Vernichtungsmaschine wird. Nicht, dass die militärische Besatzung enden würde, wenn ich ihre Untaten nur möglichst genau beschriebe. Doch meine innere Einstellung zu dem Unabänderlichen änderte sich dann. In dem Moment, als ich zu schreiben begann, stand ich jedweder Willkür nicht mehr dort gegenüber, wo ich vor dem Schreiben verharrt war. In Situationen, die mir wie ewig, absolut und monolithisch vorgekommen waren – unumstößlich wie ein Urteil des Himmels oder von Menschenhand –, taten sich mir neue Nuancen auf. Ich erschuf mir eine gewisse Bewegungsfreiheit. Gegenüber dem Unabänderlichen, was mich vorher mit Angst und Verzweiflung gelähmt hatte, wurde ich frei. Ich war kein Opfer mehr.

Und für mich, als Jude und Israeli, als der Mensch, der ich heute bin, mit all meinen Erfahrungen und all dem, was ich in den letzten Jahren erlebt habe, ist das Gefühl, nicht Opfer zu sein, nicht das Opfer einer wie auch immer gearteten Willkür sein zu müssen, vielleicht das Tröstendste, was ich erreichen kann.

»Allen Gewalten zum Trotz sich erhalten« – diese Zeile von Goethe hatte der Vater von Hans Scholl dem Sohn in seiner Kindheit oft vorgelesen. Diese Worte hat Hans, wenige Minuten bevor man ihn zur Hinrichtung abholte, mit Bleistift an die Wand seiner Zelle geschrieben.

Auch wenn Hans und Sophie Scholl und ihre Mitkämpfer vom damals herrschenden System ermordet wurden, waren sie doch in einem tieferen Sinn keine Opfer. In einer totalitären tyrannischen Realität hatten sie sich ihre eigenen Gesetze und Wertmaßstäbe gegeben. An einem Ort und in einer Zeit, in der Dutzende Millionen Menschen »wir« grölten, haben sie »ich« gesagt.

Gibt es einen größeren Mut, eine größere Freiheit?

Ich danke Ihnen, dass Sie mich für würdig befunden haben, den nach ihnen benannten Preis zu erhalten.

Aus dem Hebräischen von Anne Birkenhauer

GEGEN DIE WILLKÜR KÄMPFEN

Dankesrede zum Friedenspreis des
Deutschen Buchhandels am 10.10.2010
in der Frankfurter Paulskirche

Meine Damen und Herren,

als ich anfing, das Buch *Eine Frau flieht vor einer Nachricht* zu schreiben, wusste ich, ich wollte die Geschichte Israels erzählen, eines Landes, das sich seit über hundert Jahren – auch schon bevor es ein Staat wurde – im Kriegszustand befindet. Und ich wollte dies anhand der persönlichen, ganz privaten Geschichte vom Leben einer Familie tun.

Vielleicht stimmen Sie mir zu, dass das wirkliche, große Drama der Menschheit das Drama der Familie ist. Jeder und jede von uns ist Teil eines solchen Dramas, denn wir alle wurden einmal in eine Familie geboren. Ich denke, die bedeutendsten Dinge in der Geschichte der Menschheit haben sich nicht auf Schlachtfeldern ereignet, nicht in den Sälen der Paläste oder den Fluren der Parlamente, sondern in Küchen, in Kinder- und Schlafzimmern.

In meinem Buch wollte ich zeigen, wie der Konflikt im Nahen Osten und seine ganze Brutalität in die so zarte und verletzliche Blase des Familienlebens ausstrahlt und – unausweichlich – deren innerstes Gewebe verändert.

Ich versuchte zu erzählen, welche Anstrengungen Menschen, die in diesem oder auch in jedem anderen anhaltenden gewalttätigen Konflikt gefangen sind, unternehmen, um in einer von Härte und Gleichgültigkeit bestimmten Situation, in der alles darauf angelegt ist, das Gesicht des Einzelnen auszulöschen, das komplexe feine Geflecht menschlicher Beziehungen, Sensibilität, Zartheit und Mitgefühl zu bewahren. Der Versuch, mitten im Krieg an all dem festzuhalten, erscheint mir wie das Vorhaben, mit einer Kerze in der Hand durch einen gewaltigen Sturm zu gehen. Erlauben Sie mir, Sie jetzt in diesen Sturm mitzunehmen, mit der Kerze in der Hand.

Wenn Sie mich im Zusammenhang mit dem israelisch-palästinensischen Konflikt nach meinem größten Wunsch fragen, würde ich natürlich sagen, dass er gelöst wird, dass Frieden herrscht. Doch dann würden Sie vielleicht weiterfragen: »Gehen wir davon aus, das geschieht noch lange nicht, *was wäre* bis dahin Ihr größter Wunsch?«

Nach einem Schmerz, den ich wegen dieser Annahme in Ihrer Frage sicher spüren würde, würde ich antworten: Ich würde gern lernen, mich all dem Entsetzlichen, all dem Unrecht, das dieser Konflikt uns im Großen und im Kleinen jeden Tag beschert, so weit wie möglich auszusetzen. Mich nicht davor zu verschließen, mich nicht zu schützen; nicht aufzuhören, mich von ihm verletzen zu lassen.

In einem andauernden Konflikt wie diesem Mensch zu sein, bedeutet für mich vor allem: hinschauen. Die Augen offen halten, die ganze Zeit, so gut ich kann. Nicht immer habe ich die seelische Kraft dazu, aber ich weiß, ich muss darauf bestehen, zumindest zu wissen, was passiert, welche Dinge in meinem Namen getan werden, an denen ich, sosehr ich sie auch ablehne, dennoch beteiligt bin. Ich muss diese Dinge *sehen*, um zu reagieren, um mir und anderen zu sagen, was ich ihnen gegenüber empfinde. Ich muss sie beim Namen nennen, mit meinen Worten, und darf mich nicht von den Wörtern und Formulierungen verführen lassen, die Regierung, Armee oder meine eigenen Ängste – oder auch mein Feind – mir diktieren wollen.

Und, was manchmal das Schwerste ist: nicht vergessen. Der mir da gegenübersteht, mein Feind, der mich hasst und mich als Bedrohung seines Lebens sieht, ist auch ein Mensch; mit seiner Familie und seinen Kindern, mit seiner Auffassung von Gerechtigkeit und seinen Hoffnungen, mit seiner Verzweiflung und seinen Ängsten, mit seinem blinden Fleck.

*

Sie verleihen mir heute den ehrenvollen Friedenspreis. Ich möchte über Frieden reden, es ist lebensnotwendig, über Frieden zu reden. Zum Gespräch über den Frieden muss man immer wieder auffordern, vor allem in einer Realität wie der unseren. Es ist wichtig, an dem verzweifelten und paralysierten Bewusstsein von Israelis und Palästinensern regelmäßig intensive Wiederbelebungsversuche vorzunehmen, da in ihren Augen das Wort »Schalom« schon beinahe gleichbedeutend ist mit Illusion oder Halluzination, wenn nicht gar mit einer Todesfalle.

Denn nach hundert Jahren Krieg, nach Jahrzehnten der

Besatzung und des Terrors, glauben viele, zu viele Israelis und Palästinenser nicht mehr an die Möglichkeit eines wirklichen Friedens. Sie wagen noch nicht einmal sich vorzustellen, wie ein Leben in Frieden aussehen könnte. Die meisten haben sich insgeheim damit abgefunden, dass es wohl so etwas wie ein Fatum gibt, welches sie dazu verurteilt, in endlosen Zyklen von Gewalt und Mord zu leben.

Wer aber die Möglichkeit des Friedens aufgegeben hat, ist schon geschlagen. Er hat das Schicksal des anhaltenden Krieges im Grunde über sich selbst verhängt. Manchmal muss man – und ganz gewiss von dieser ehrwürdigen Bühne – an das so Selbstverständliche erinnern: Beide Seiten, Israel und die Palästinenser, haben ein Recht auf ein Leben in Frieden, ohne Besatzung, ohne Terror und Hass. Beide Seiten haben ein Recht, als einzelne und als selbständige Völker in ihrem souveränen Staat in Würde zu leben und von den Wunden zu genesen, die hundert Jahre Krieg ihnen geschlagen haben. Sie haben nicht nur ein Recht auf Frieden; sie sind – beide – existentiell auf Frieden angewiesen.

Über die Hoffnungen der Palästinenser in Bezug auf den Frieden kann ich nicht sprechen. Ich habe kein Recht, ihre Träume zu träumen. Ich kann ihnen nur von ganzem Herzen wünschen, dass sie nach der über Generationen andauernden Unfreiheit durch die Besatzung von Türken, Engländern, Ägyptern, Jordaniern und Israelis schon bald ein solches Leben der Freiheit und der Souveränität kennenlernen werden. Dass sie ihre Nation und ihren Staat als Demokratie errichten und ihre Kinder ohne Angst aufziehen können. Dass ihnen zuteilwird, was ein ruhiges Leben in Frieden einem jeden Menschen zu bieten hat.

Über meine Wünsche und Hoffnungen als Israeli und als Jude jedoch kann und darf ich reden.

»Friede« ist für mich nicht nur die Definition eines Zustands, in dem der Krieg mit all seinen Schrecken zu Ende sein und Israel umfassende und gute Beziehungen mit seinen Nachbarn haben wird. Wirklicher Friede für Israel bedeutet die Aussicht, in der Welt auf eine neue Art leben zu können. Die Aussicht, dass Israel nach und nach von den Verheerungen durch 2000 Jahre Exil, Verfolgung und Dämonisierung genesen wird. Vorausgesetzt, dieser zerbrechliche Friede wird tatsächlich andauern, Israel wird seine Existenz festigen und sein großes menschliches, geistiges und kulturelles Potenzial verwirklichen, dann würde jenes Gefühl existentieller Fremdheit, existentieller Einsamkeit vergehen, das den jüdischen Menschen und das jüdische Volk unter den anderen Völkern immer begleitet hat.

Wenn es Frieden gäbe, hätte Israel endlich *Grenzen*. Das ist nicht trivial, schon gar nicht für ein Volk, das die meiste Zeit seines Bestehens verstreut unter anderen Völkern gelebt hat und die meisten Katastrophen in seiner Geschichte eben aufgrund dieses Umstands erleben musste. Stellen Sie sich vor: Auch nach 62 Jahren hat Israel noch immer keine festen Grenzen. Seine Grenzen verschieben sich etwa alle zehn Jahre, weiten sich aus oder werden zurückgedrängt, mal unseretwegen, mal wegen unserer Nachbarn. Wer keine klaren Grenzen hat, gleicht einem, in dessen Haus die Wände sich fortwährend bewegen; einem, der keinen festen Boden unter den Füßen spürt. Einem, der kein wirkliches Zuhause hat.

Trotz seiner großen militärischen Stärke ist es Israel noch immer nicht gelungen, seinen Bürgern jenes natürliche, entspannte Gefühl zu geben, das ein Mensch hat, der sicher in seinem Land wohnt. Es ist – und das ist tragisch – Israel nicht gelungen, den jüdischen Menschen von seiner bitteren Grunderfahrung zu heilen: dem Gefühl, auf der Welt heimatlos zu sein.

Israel wurde errichtet, *damit der jüdische Mensch und das jüdische Volk eine Heimstätte bekommen sollten.* Dies war die große Vision, die zur Schaffung des Staates Israel führte. Doch solange es keinen Frieden und keine anerkannten festen Grenzen und kein wirkliches Gefühl der Sicherheit gibt, werden wir Israelis hier nicht das Zuhause haben, das uns gebührt und das wir brauchen, *so lange werden wir uns in der Welt nicht beheimatet fühlen.*

Sie spüren wahrscheinlich: Bestimmte Worte bekommen, wenn sie von einem jüdischen Menschen und einem Israeli in Deutschland gesagt werden, einen anderen Resonanzraum als anderswo auf der Welt. Das, wovon ich rede, die von mir verwendeten Worte und der Pulsschlag des Erinnerns, den sie wecken, kommen aus der Wunde der Schoah und werfen ihr Echo zurück. Viele Dinge, die sich in Israel ereignen – sei es im privatesten Bereich, im Verhältnis des Menschen zu seinem eigenen Leben, zu seiner Familie und seinen Freunden, oder sei es im öffentlichen Bereich, im politischen und militärischen –, stehen in diesem belasteten Dialog mit der Schoah und damit, wie die Schoah das jüdische und das israelische Bewusstsein geprägt hat. Und auch was ich gerade hier in der Paulskirche sage, in der 1848 das erste in Deutschland frei gewählte Parlament tagte, welches das Fundament für die Demokratie legte, auch das kehrt, wie eine Brieftaube aus der Schoah, immer wieder »dorthin« zurück.

Ohne unangebrachte Vergleiche zwischen völlig unterschiedlichen historischen Situationen anstellen zu wollen, mache ich mir klar, dass man gerade hier in Deutschland auch sehen kann, wie sich ein Volk nicht nur von der physischen Zerstörung erholt, sondern wie es von dem Ort, an dem die Menschlichkeit selbst zerbrochen wurde und all ihre Grenzen und Hemmungen übertreten und eingerissen wurden, aufgebrochen ist. Wie es noch einmal neu beginnt, sich auf ethische und demokratische Werte verpflichtet und seine Jugend zu einer Weltsicht des Friedens erzieht.

Kehren wir zurück zu unserer Situation im Nahen Osten: Nur Frieden kann Israel von der tiefen Sorge seiner Bürger heilen, ob sie und ihre Nachkommen überhaupt eine Aussicht auf *Zukunft* haben. Ich denke, kein anderes Land auf der Welt lebt in einer so existentiellen Angst. Wenn Sie in einer deutschen Zeitung lesen, dass Deutschland staatliche Projekte für das Jahr 2030 plant, erscheint Ihnen das völlig normal und logisch. Kein Israeli würde so weitreichende Pläne machen. Wenn ich an Israel im Jahr 2030 denke, zuckt etwas in mir zusammen, als hätte ich, indem ich es wage, mir ein so großes »Stück« Zukunft zu erlauben, ein Tabu gebrochen …

Nur Frieden wird Israel ein Zuhause und eine Zukunft geben. Und nur Frieden wird es uns, den Israelis, ermöglichen, etwas zu erleben, was wir überhaupt nicht kennen: *das Gefühl einer stabilen Existenz.*

Wer die meiste Zeit seiner Geschichte entwurzelt und auf stetiger Wanderschaft lebte, wer immer wieder verfolgt und vertrieben wurde, der schwebt zwischen Existenz und Auslöschung. Wer schon Tausende von Jahren so lebt, kann sich nach einer sicheren Existenz nur sehnen. Nach dem Gefühl, dass die Existenz seines Volkes in seinem Land sicher sei, dass es in seiner Erde verwurzelt sei, dass seine Grenzen geschützt und von der internationalen Gemeinschaft anerkannt sind. Dass seine Nachbarn es in ihrem Kreis akzeptieren, mit ihm Beziehungen knüpfen und es in das Geflecht ihres Lebens mit einweben. Dass es eine Zukunft hat. Dass es einen Ort hat auf der Welt.

Ich stehe hier und rede mit Ihnen über Frieden. Merkwürdig. Ich, der ich in meinem ganzen Leben noch keinen Augenblick wirklichen Friedens erlebt habe. Doch ich weiß etwas über Krieg. Deshalb denke ich, habe ich das Recht, hier über Frieden zu sprechen.

Schon viele Jahre spielen sich mein Leben und meine Bücher ununterbrochen in dieser Mischung aus Krieg und der Angst vor ihm und seinen Folgen ab, in einer Mischung aus Angst um Israel, Angst um meine Lieben, die hier leben, und dem Kampf um das Recht, in einem Zustand, in dem der Einzelne immer wieder durch den Krieg verstaatlicht wird, unheroisch und intim ein ganz privates Leben zu führen. Der Sturm und die Kerze.

Je mehr ich erfahre, in welchen Tiefen dieses Leben-im-Krieg einen zerstört und korrumpiert, umso drängender wird mein Bedürfnis zu schreiben. Das ist mein Weg, auf meine Individualität zu pochen, auf mein Recht, »ich« und nicht »wir« zu sagen.

Es liegt im Wesen des Krieges, dass er die Nuancen, die die Besonderheit eines Menschen ausmachen, und das einmalige Wunder, das jeder Mensch darstellt, auslöscht. Und mit derselben Brutalität leugnet er auch die Ähnlichkeit der

Menschen und alles, was sie als Mitwirkende am menschlichen Schicksal verbindet.

Das genaue Gegenteil von all dem geschieht in der Literatur, und zwar nicht nur beim Schreiben, sondern auch beim Lesen. Literatur ist die völlige Hingabe an den Einzelnen, an sein Recht, Individuum zu sein, und ebenso an seine Schicksalsgemeinschaft mit der gesamten Menschheit. Literatur ist ein Ausdruck des Staunens über das Geheimnis des Menschen, seine Komplexität, seinen Reichtum und seine Schatten.

Wenn ich schreibe, versuche ich mit aller Kraft, die Gestalten in meiner Geschichte aus ihrer anfänglichen Fremdheit und Vagheit herauszuholen, sie aus ihrer Umklammerung durch Stereotypen, aus gängigen Klischees und Vorurteilen zu befreien. Wenn ich eine Geschichte schreibe, kämpfe ich – manchmal über Jahre – darum, alle Seiten einer menschlichen Figur zu verstehen, *sie zu sein*. Den anderen aus sich selbst heraus zu verstehen. Die Art und Weise, wie ein Schriftsteller mit all seinen Sinnen, den Gefühlen und Empfindungen einer Figur, die er schafft, lauscht, hat etwas Zartes, geradezu Mütterliches. In seiner Bereitschaft, sich der Figur, über die er schreibt, schutzlos hinzugeben und ihr Mund zu sein, vergisst er, sich selbst zu schützen. Vielleicht ist dies der große Beitrag der Literatur für diejenigen, die im Krieg leben, und für jeden, der im Exil, in Fremdheit, Diskriminierung oder Armut lebt; in dem Gefühl, dass sein Ich dauernd ausgelöscht wird. Die Literatur vermag es, uns allen unser Menschengesicht zurückzugeben.

*

Meine Damen und Herren,

ich sprach zu Anfang meiner Rede von meinem Ausgangspunkt beim Schreiben des Buches *Eine Frau flieht vor einer Nachricht*. Vielleicht wissen Sie, es erzählt von einem israelischen Soldaten, der in den Krieg zieht und dessen Mutter, gepackt von der Angst um sein Schicksal, von zu Hause flieht, damit die schreckliche Nachricht, falls sie denn kommt, sie nicht erreichen kann.

Drei Jahre und drei Monate nachdem ich mit dem Schreiben begonnen hatte, brach der zweite Libanonkrieg aus. Er begann mit einem überraschenden Angriff der Hisbollah auf eine israelische Militärpatrouille auf israelischem Gebiet. Am Abend des 12. August 2006, wenige Stunden vor dem Ende des Krieges, starb mein Sohn Uri zusammen mit den drei Männern seiner Panzerbesatzung durch eine Rakete der Hisbollah. Gerne würde ich Ihnen von Uri erzählen, aber das kann ich nicht. Nur so viel: Stellen Sie sich einen jungen Mann am Anfang seines Lebensweges vor, mit all seinen Hoffnungen, seinem Feuer, seiner Lebensfreude, mit der Arglosigkeit, dem Humor, den Wünschen eines jungen Mannes. So war er. Und so waren Tausende anderer Israelis, Palästinenser, Libanesen, Syrer, Jordanier und Ägypter, die ihr Leben in diesem Konflikt verloren haben und weiterhin verlieren.

Einen Tag nach dem Ende der Trauerwoche kehrte ich an den Schreibtisch zurück und schrieb mein Buch weiter.

Wenn einem Menschen ein Unglück widerfährt, hat er das Gefühl, im Exil zu sein. Er wurde vertrieben von allem, worauf er früher vertraute und baute, von allem, was er glaubte, von der gesamten Geschichte seines Lebens. Plötzlich ist für ihn nichts mehr selbstverständlich.

Für mich war die Rückkehr zum Schreiben nach dem Unglück eine instinktive Reaktion. Ich hatte das Gefühl, das Schreiben könnte der Weg sein, auf dem ich – in gewissem Sinne – aus dem Exil zurückkehren würde.

Ich kehrte zum Schreiben zurück. Zurück zu meiner Geschichte, die auf merkwürdige Weise einer der wenigen Orte in meinem Leben war, die ich noch verstehen konnte. Ich setzte mich an meinen Schreibtisch und begann, die zerrissenen Fäden in meiner Geschichte wieder miteinander zu verknüpfen. Nach einigen Wochen spürte ich zum ersten Mal und mit einem gewissen abgründigen Staunen wieder die Lust am Schreiben. Da ertappte ich mich plötzlich dabei, wie ich wieder stundenlang nach dem richtigen Wort für ein bestimmtes Gefühl suchte, das ich beschrieb. Ich merkte, ich war nicht bereit, mich mit einem anderen Wort zu begnügen, das nicht exakt die ganze Bandbreite dieses Gefühls wiedergab. Für einige Augenblicke staunte ich, dass etwas so Geringfügiges mich überhaupt beschäftigte, nachdem um mich herum die Welt untergegangen war. Doch als ich das richtige Wort gefunden hatte, empfand ich eine Befriedigung, von der ich geglaubt hatte, ich würde sie nie mehr im Leben empfinden können: das Gefühl, in dieser chaotischen Welt eine Sache so zu machen, wie sie gemacht werden muss. Immer wieder kam ich mir vor wie ein Mensch nach einem Erdbeben: Er kriecht aus den Trümmern seines Hauses, schaut sich um, setzt sich auf die Erde und beginnt, wieder Steine aufeinanderzulegen.

Da saß ich und schrieb. Langsam kehrte die Lust an der Phantasie und am Erfinden zurück, und auch der Spieltrieb, der jedem kreativen Schaffen innewohnt. Ich erfand Gestalten, hauchte ihnen Leben, Wärme und Phantasie ein, die ich nicht mehr in mir vermutet hatte. Ich gab ihnen eine Realität und einen Alltag. Ich entdeckte in mir wieder den Wunsch, alle Nuancen eines Gefühls, einer Realität, alle Feinheiten einer Beziehung zu berühren und mich nicht vor dem Schmerz zu fürchten, den solche Berührung manchmal hervorruft.

Wieder entdeckte ich, dass das Schreiben für mich der beste Weg ist, gegen Willkür zu kämpfen – gegen jedwede Willkür – und gegen das Gefühl, ihr hilflos, als Opfer ausgeliefert zu sein. Ich habe gelernt: Es gibt Situationen, in denen die einzige Freiheit, die einem bleibt, die des Beschreibens ist: die Freiheit, mit eigenen Worten das Schicksal zu beschreiben, das über einen verhängt ist. Manchmal kann dies auch der Weg sein, aus seinem Opferdasein herauszukommen.

Das trifft auf den einzelnen Menschen zu, aber auch auf Gesellschaften und Völker. Ich wünsche mir, dass mein Land, Israel, die Kraft finden wird, seine Geschichte noch einmal neu zu schreiben. Dass es lernen wird, seiner Geschichte und seiner Tragödie auf eine neue Art und Weise zu begegnen und sich aus ihr heraus noch einmal neu zu erschaffen. Dass wir die erforderlichen Seelenkräfte finden, um die wirklichen Gefahren, die auf uns lauern, von dem gewaltigen Nachhall der Unglücke und Tragödien, die uns in der Vergangenheit heimsuchten, zu unterscheiden. Auf dass wir nicht mehr Opfer werden, nicht unserer Feinde und nicht unserer eigenen Ängste.

Auf dass wir endlich nach Hause kommen.

Danke und: Schalom.

Aus dem Hebräischen von Anne Birkenhauer

EINEN ANKER IN DIE ZUKUNFT WERFEN. GEDANKEN ÜBER DIE FREIHEIT.

Anlässlich des 75. Geburtstages von Bundespräsident Joachim Gauck am 29.1.2015 in Berlin

Lieber Herr Bundespräsident Gauck, wir haben uns in Israel und in Deutschland getroffen, und nach jedem Treffen mit Ihnen sage ich mir, dieser Mann ist ein *mentsch*. Dabei verwende ich nicht das deutsche Wort »Mensch«, sondern das jiddische. Auf Jiddisch bedeutet *a mentsch*: »einer, auf den du dich in jeder Situation verlassen kannst«, und: »jemand, der auch in einer Situation Mensch sein wird, in der es schwer ist, Mensch zu bleiben, und in der es noch schwerer ist, menschlich zu handeln«.

Ich möchte Ihnen danken, dass Sie mich, einen israelischen Schriftsteller, gebeten haben, an Ihrem Geburtstag hier in Berlin eine Rede zu halten. Das ist für mich ein bewegender Moment und keine Selbstverständlichkeit. Vor allem aber danke ich Ihnen, dass Sie mich gebeten haben, über den Begriff der Freiheit zu sprechen, denn damit gaben Sie mir eine Gelegenheit, für mich selbst Gedanken zu formulieren, die ich bisher eher instinktiv, in Form von ungenauen Empfindungen hatte: Man weiß ja – wenn auch nicht immer ganz bewusst –, an welchen Stellen seines Lebens und seiner Seele man frei und wo man seiner Freiheit beraubt ist. Dass Sie mich gebeten haben, über die Freiheit zu sprechen, hat mir geholfen, mir über solche Stellen klarer zu werden und auch über die schwierige Lage der Gesellschaft, in der ich lebe, in Israel, mitten im Nahostkonflikt.

Wann bin ich frei?

Ich bin frei, wenn ich nicht an Hunger, an Kälte, an körperlichem oder seelischem Mangel leide. Ich bin frei, wenn ich nicht das Ziel von Diskriminierung oder Spott bin; ich bin frei, wenn ich ohne jede Einschränkung mit den Menschen zusammen sein kann, die mir teuer sind.

Ich bin frei, wenn ich keine Angst vor der Willkür anderer Menschen habe.

Ich bin frei, wenn ich weiß, dass ich mich in jedem Aspekt meines Seins anders und sogar sehr abweichend verhalten kann, ohne deshalb leiden zu müssen, ohne dafür auf irgendeine Art »bestraft« zu werden.

Ich bin frei, wenn ich mir meine eigenen Gedanken machen und sie auch ausdrücken kann und nicht denken muss, was mir von anderen aufgezwungen wird.

Ich bin frei, wenn ich Situationen in meinen Worten beschreiben kann, ohne dass jemand mich daran hindert oder mich zwingt, seine Worte und seine Formulierungen zu verwenden.

Jede und jeder der Anwesenden mag hier ihre und seine eigene Definition von Freiheit anfügen. Ich vergesse zum Beispiel nicht, dass ein Mensch in sich selbst frei sein kann, auch wenn all die eben aufgezählten Bedingungen nicht erfüllt sind. Und ich weiß auch: Ich bin so lange unfrei, wie ich einem Menschen oder einem Volk eine dieser Bedingungen verweigere.

*

Während ich dies niederschrieb, formte sich in mir der Eindruck, dass Freiheit ihrem Wesen nach untrennbar mit dem Begriff der »Hoffnung« verbunden ist: als trage das Wort »Freiheit« immer ein Verb in der Futurform in sich, eine Bewegung auf etwas hin, und als berge es auch die Qualität einer Verheißung, die noch nicht erfüllt ist. Dies rührt vielleicht daher, dass es auch in den freiesten und fortschrittlichsten Gesellschaften Arten von Freiheit und ein Streben nach Freiheiten gibt, die noch nicht verwirklicht wurden und für die man immer weiter wird kämpfen müssen. Es mag zudem daran liegen, dass der Fortschritt, dass die menschliche Entwicklung stets neue Arten unerwarteter Einschränkungen von Freiheit hervorbringt, wenn nicht sogar regelrechte Knechtschaft.

Freiheit hängt ihrem Wesen nach mit Hoffnung zusammen. Und Hoffnung ist untrennbar mit der *menschlichen Vorstellungskraft* verbunden, also mit unserer Fähigkeit, uns eine bestimmte Situation, die über jene, in der wir uns befinden, weit hinausgeht, so lebendig vorzustellen, dass wir uns damit aus den Fesseln der gegebenen Situation befreien.

Auch wer so etwas nicht selbst erlebt hat, kann sich vorstellen, wie schwer es ist, die Fähigkeit zur flexiblen und kreativen Bewegung in sich zu bewahren, wenn Angst die Seele verbiegt und man schon vor der Berührung mit der Realität zurückschreckt. Es fällt nicht schwer sich vorzustellen, wie in den Seelen der Opfer von Einschüchterung und Diktatur jene »inneren Kanäle« verstopfen, in denen das authentische Lebenselixier des Menschen fließt.

Dabei hat es mit der menschlichen Hoffnung und der menschlichen Vorstellungskraft eine sonderbare Bewandtnis: Ihr Zentrum liegt außerhalb des Menschen und außerhalb der Gegenwart, es liegt in einer zukünftigen Dimension, in einer Möglichkeit, die noch nicht verwirklicht wurde. Damit sich ein unterdrückter Mensch aus seinen Fesseln befreien kann, muss er – mit Hilfe seiner Vorstellungskraft – einen lebendigen Begriff der Freiheit, die er anstrebt, aktiv in seinem Bewusstsein bewahren. Das heißt: Hoffnung ist eine Frucht des aktiven Wirkens der Vorstellungskraft. In gewisser Weise ein Produkt der *Kreativität*: Sie malt für die geknechteten Menschen, für die unterdrückte Gesellschaft das Bild eines reichen und vitalen Lebens, das sich völlig von dem ›Bild‹ unterscheidet, in dem sie gegenwärtig noch gefangen sind.

Außerdem ist die Hoffnung wie ein *Anker*, den man aus einer verzweifelten, unterdrückten Existenz in eine Wirklichkeit auswirft, die noch nicht existiert und primär aus den Herzenswünschen von Menschen besteht. Doch bereits dieses Ankerauswerfen in die Zukunft, allein schon die Fähigkeit, dies zu tun, erschafft im Herzen des Menschen, der den Mut zu hoffen aufbringt, einen Ort der Freiheit.

Es ist ein interessanter Vorgang: Einzelne Menschen – oder eine ganze Gesellschaft – katapultieren eine Vision oder einen Traum aus ihrer Mitte hinaus in die ferne Zukunft, und ab diesem Moment wirkt diese Vision oder dieser Traum in denen, die sie erschaffen haben, und zieht sie wie ein starker Magnet an.

Die Hoffnung auf Freiheit ist manchmal eine Hoffnung des trotz-allem. Eine Hoffnung wider alle Aussichten, nicht selten eine Hoffnung wider alle Tatsachen. In Ihrer Zeit als Pfarrer haben Sie, Herr Gauck, Ihre Hoffnung und die Hoffnung der Menschen in Ihrer Gemeinde auf diese Weise am Leben gehalten. Sie wissen es allzu gut: Selbst wenn die Hoffnung allem Anschein nach keine Chance hat, verwirklicht zu werden, und wenn die Unterdrückung in ihren tausend Erscheinungsformen allgegenwärtig ist, auch dann ist Hoffnung keine leere Illusion: Gerade in einem Klima der allgemeinen Resignation, wenn die Willenskraft der meisten Menschen abnimmt, zeigen diejenigen, die weiter hoffen und auch praktisch an der Verwirklichung ihrer Hoffnung arbeiten, dass es in ihnen noch immer einen Ort gibt, den keiner unterdrücken kann, den ihnen keiner rauben, den keiner verschmutzen kann, und dass sie dank dieser Enklave der Freiheit in sich wissen, wie die reale Freiheit aussehen muss und könnte. Deshalb wissen sie, wie sehr es sich lohnt, für sie zu kämpfen.

Diese Erkenntnis ist vielleicht der archimedische Punkt, von dem aus solche Menschen beginnen, in der Realität Repression oder ein tyrannisches System zu demontieren und einen Wandel herbeizuführen.

*

Meine Damen und Herren, ich komme aus Israel, mitten aus einem Konflikt, der schon über hundert Jahre andauert und dessen Ende nicht in Sicht ist. In der Realität unseres Lebens im Nahen Osten können Worte wie »Schalom« oder »Hoffnung« leicht wie leere Phrasen klingen: Frieden, oder auch nur die Hoffnung auf ihn, gilt heute bei vielen in Israel als eine absurde, kindliche, naive Idee, die Menschen dazu verführen kann, sich einer gefährlichen, betrügerischen Illusion hinzugeben. Einer Illusion nämlich, die sie dazu bringen kann, Überlebensmechanismen wie Misstrauen und Kampfbereitschaft aufzugeben.

Immer mehr Menschen in Israel und auch in Palästina sagen: »die Lage wird sich niemals ändern«, »das Schwert wird ohne Ende wüten«, »wir sind dazu verurteilt, mit dem Schwert zu leben und durch das Schwert umzukommen«. Gewiss, solche Sätze hört man seit Jahrzehnten, doch in letzter Zeit hat sich die *Melodie* verändert: Sie klingt wie das resignierte Klagelied von Menschen, die sich passiv in eine Situation fügen, die als eine Art Naturgesetz oder als Axiom empfunden wird. Als gäbe es einen Schicksalsspruch, der besagt, dass zwischen dem israelischen und dem palästinensischen Volk ein Zustand des Friedens niemals möglich sein wird.

Wenn es keinen politischen Prozess gibt, wenn es keine Hoffnung gibt, bestimmt Resignation die Realität. So, wie die Hoffnung Freiheit und Bewegung erzeugt, so reduziert die Resignation, engt ein, lähmt und unterdrückt. Das allgemeine Klima in Israel wie auch bei der palästinensischen Autonomiebehörde ist eines der Lähmung und der Stagnation. Doch führt dieses Klima zu einem Trugschluss und einer gefährlichen Fehleinschätzung der Situation: Denn an einem

Ort, an dem Menschen, besonders unterdrückte Menschen leben, gibt es keine Stagnation. Im Gegenteil: Das Feuer breitet sich nur immer weiter aus. Frustration, Demütigung und Rachegefühle heizen den religiösen und nationalen Fanatismus an, bis sie sich sehr gewaltsam entladen werden, noch brutaler, als wir es im Gazakrieg erlebt haben.

Israel ist heute die stärkste Macht in der Region; es besitzt die zehntgrößte und zehntstärkste Armee der Welt; Israel ist ein souveräner und wohlhabender Staat, der die Unterstützung anderer Großmächte wie der Vereinigten Staaten, Deutschlands, Englands und Frankreichs genießt. Es ist ein fortschrittliches und mutiges Land, das auf verschiedenen Gebieten neue Erfindungen hervorbringt, auf dem Gebiet der Landwirtschaft, der Wissenschaft und Kultur, der Wirtschaft, der Technologie und der Spitzentechnologie, und ausgerechnet wenn es um das für seine Existenz vitalste Thema geht – um den Frieden –, wird der Staat ängstlich, passiv und fühlt sich gefangen.

Israel hat zweifellos viele Gründe, sich um seine Existenz zu sorgen, ja um sie zu fürchten. Der Nahe Osten ist wild und gewaltgeladen. Es gibt fundamentalistische Kräfte und Strömungen, und die meisten Länder der Umgebung sind Israel feindlich gesinnt und streben unverhüllt danach, Israel zu vernichten. Die Palästinenser sind untereinander zerstritten, der fanatische Flügel der Hamas erstarkt, und es ist nicht klar, ob die palästinensische Führung für einen wirklichen Kompromiss überhaupt reif ist. Doch gerade angesichts dieser Gefahren und Drohungen sind die Schlaffheit und die fehlende Initiative, im Grunde die Erstarrung, welche die israelischen Regierungen seit Jahren demonstrieren, gerade keine effektive Politik. Überhaupt sollte Erstarrung nicht als Politik durchgehen dürfen.

Diese anhaltende Situation, zusammen mit der rapide anwachsenden Gewalt in den Ländern, die Israel umgeben, drängt die jüdische Gesellschaft in Israel in die für sie gefährlichste Ecke der traumabedingten Verletzlichkeit. Wieder formulieren Israelis – im Jahr 2015! – Ängste um das Schicksal der Juden schlechthin, Erinnerungen an die Traumata der Vergangenheit, an die Erfahrung der Verfolgung und das existentielle Gefühl des jüdischen Volkes, unter den anderen Völkern fremd zu sein.

Aus all diesen Gründen und natürlich wegen der unbegreiflichen Tatsache, dass Israel bereits 47 Jahre lang ein anderes Volk auf seinem Boden besetzt hält, ist der Ort, an dem sich Israel heute befindet, kein Ort der Freiheit. In dieser Hinsicht, und das sage ich mit Schmerz und Trauer, ist Israel zwar ein selbständiger und souveräner Staat, aber immer noch nicht frei. Israel ist nicht so frei, wie es sein könnte. Nicht auf eine Art frei, dass es zu einem Zuhause im vollen Sinne des Wortes wird und uns, seine Bürger, in ihm zu freien Menschen macht.

*

Erst als ich diese Überlegungen niederschrieb, begriff ich, dass ich, wenn ich an Frieden denke, im Grunde an *Freiheit* denke. Freiheit ist die Abwesenheit von Ängsten, ist die Abwesenheit von Verzweiflung, die eine Weltanschauung generiert, Freiheit ist die Abwesenheit von der ständigen Bedrücktheit, die ein Leben in Krieg und Hass mit sich bringt.

Ja, Frieden ist Freiheit. Äußere Freiheit kann auch innere Freiheit ermöglichen, und dies ist eine Freiheit, die ich nicht kenne. Denn ich habe nahezu mein ganzes Leben ohne diese Freiheit gelebt, ohne einen einzigen Moment wirklichen Friedens, wirklicher Freiheit. Umso mehr versuche ich die ganze Zeit, den Frieden als eine Art von Freiheit in meiner Vorstellung zu beleben, um wenigstens meinen inneren Kanal zu ihm offen zu halten. Damit er nicht verstopft – wegen der Ängste, die ich empfinde, wegen der Gewalt, die dauernd um mich herum aufbricht, wegen der Trauer um all jene, die in diesem Konflikt ihr Leben verloren haben, wegen der Trauer um meinen Sohn, der in einem Krieg getötet wurde, den man hätte verhindern können.

Welche Hoffnung kann es geben in einer so schwierigen Situation wie der, die im Moment zwischen Israel und den Palästinensern herrscht? In gewissem Sinne ist es dieselbe Hoffnung, die Sie, Herr Gauck, und Ihre Mitstreiter bewegt hat, als Sie für Ihre Freiheit kämpften, in jenem perspektivlosen »Winter im Sommer« im Jahr 1989. Eine Hoffnung des »trotz-allem«. Eine Hoffnung, die die Gefahren und die echten Bedrohungen zwar nicht ignoriert, die sich aber weigert, ausschließlich nur sie zu sehen.

In den Herzen einiger weniger Israelis und Palästinenser pulsiert noch immer die Hoffnung, dass, wenn das Feuer unter dem Konflikt jemals erlischt, nach und nach die gesunden und vernünftigen Charakterzüge der beiden Völker wieder hervortreten werden. Dann könnte die heilende Kraft des Alltags, die Kraft der Lebensweisheit und des Kompromisses zu wirken beginnen, und auch das Gefühl existentieller Sicherheit. Dann würde die Hoffnung wachsen, dass wir unsere

Kinder in Zukunft einmal großziehen können, ohne um ihr Leben zu fürchten. Dann könnten wir ohne die Demütigung der Besatzung leben und ohne die Angst vor Terror und könnten grundlegende menschliche Wünsche verwirklichen, die mit Familie, Einkommen, Lernen und Kreativität zu tun haben: mit der Textur des Lebens.

Vielleicht wird sich in Zukunft jedes der beiden Völker langsam für die Komplexität des anderen Volkes öffnen, für seine Tragödie, seine Besonderheiten und seine Schönheit, für seine *ganze* Geschichte? Vielleicht wird sich dann auch eine tiefere Annäherung, sogar Freundschaft entwickeln zwischen den Menschen dieser beiden Völker? So etwas hat es ja schon gegeben.

Allein die Tatsache, dass ich – ein israelischer, ein jüdischer Schriftsteller, nachdem so viele meiner Familie, 80 Menschen, in der Schoah ermordet wurden – bei diesem feierlichen Anlass heute hier stehe, und dies gerade in der Woche, in der die Welt an die Befreiung des Vernichtungslagers Auschwitz erinnert, allein diese Tatsache bezeugt, ohne hier falsche und unzulässige historische Vergleiche anstellen zu wollen, eine Bewegung der Freiheit und der Hoffnung.

In diesem Jahr jährt sich zum fünfzigsten Mal die Wiederaufnahme diplomatischer Beziehungen zwischen Deutschland und Israel. So gut und weitverzweigt diese Beziehungen heutzutage auch sind, es werden immer schwierige, emotionsgeladene und traumatische Beziehungen bleiben. Für dieses entsetzliche Kapitel der deutschen Geschichte gibt es und kann es keine Vergebung geben. Es kann auch keine Heilung geben. An den Punkten, wo Juden und Deutsche sich berühren, wird immer die offene Wunde der Schoah klaffen.

Doch in Deutschland ist eine neue Generation herangewachsen, und nach ihr eine zweite und eine dritte, und Sie, Herr Bundespräsident, sind deren beeindruckender und inspirierender Vertreter in Ihrer Haltung zur Schoah und zu Israel. Die Angehörigen dieser Generationen setzen sich – natürlich nicht alle, und jeder auf seine ganz eigene Art und Weise – mit der Schoah auseinander und sehen in ihr eine große Prüfung für sich selbst und für ihre Art zu leben; dafür, wie sie ihre Kinder erziehen, und für die Entschiedenheit, mit der sie sich für Freiheit, Demokratie und die Gleichheit aller Menschen einsetzen.

Nicht wenige Juden und Deutsche versuchen, sich der entsetzlichen Finsternis der Schoah zu stellen. Alle Fasern ihres Lebens und ihrer Erinnerung sind von dieser historischen Erfahrung durchdrungen, und dennoch schaffen sie Brücken, auf denen man sich über diesen Abgrund bewegen kann, und bekräftigen damit immer wieder etwas tief im Menschen Sitzendes, das eben auch zu seinen Möglichkeiten gehört und Teil des Menschlichen in all seiner Komplexität und seiner großen Tragik ist.

In dieser Fähigkeit, in der Fähigkeit zu erinnern und Verantwortung zu übernehmen, Schmerz zu empfinden und uns gegenseitig als Menschen in die Augen zu schauen – auch darin liegt eine große Freiheit.

Aus dem Hebräischen von Anne Birkenhauer

DIESE ANDERE, FINSTERE WELT

Deutschland und Israel haben eine Brücke
über den Abgrund der Geschichte geschlagen.
Warum gelingt es dann nicht auch mit
den Palästinensern?

Ich bin 1954 geboren, neun Jahre nach dem Ende des Zwei-
ten Weltkriegs und der Schoah des jüdischen Volkes. Aufge-
wachsen bin ich in Jerusalem, in einem Viertel, in dem die
meisten Bewohner nicht fähig waren, das Wort Deutschland
überhaupt in den Mund zu nehmen. Es war erfüllt von Angst
und Hass. Deutschland war »dort«. Deutschland, die Schoah,
das Düstere im Menschen, das sich ihnen enthüllt hatte, alles
war »dort«.

Die Holocaust-Überlebenden meiner Kindheit sprachen
fast nie über ihre Erlebnisse. Vielleicht ahnten sie, dass das,
was sie von »dort« mit sich herumtrugen, harte Schatten werfen und das helle Licht des jungen Israel verdüstern würde,
das sich mit Entschlossenheit einen Weg aus dem Tod und
der Asche bahnte.

Hin und wieder, in den Nächten, löste sich das Schweigen
der Holocaust-Überlebenden, und dann schrien sie in ihren

Albträumen. Wir, die Kinder, haben versucht, die Schreie zu deuten, aber nichts in unserem Leben hatte uns auf diese Deutungsarbeit vorbereitet. Selbst heute noch, als Erwachsene, die wir endlos viele Bücher über die Schoah gelesen, Filme gesehen, Zahlen und Fakten gelernt haben, stehen wir diesem industriellen Völkermord noch immer wie zutiefst verschreckte, hilflose Kinder gegenüber.

In demselben Maße, in dem wir damals versuchten zu vergessen und zu verdrängen, was »dort« geschah, und sosehr wir es ablehnten, diejenigen anzuhören, die von »dort« kamen, in ebendem Maße war »dort« immer auch »hier«. Vollkommen gegenwärtig und lebendig in unseren Gedanken. Jedes Familienglück, jeder Kauf eines neuen Möbelstücks, jedes neugeborene Kind in der Nachbarschaft, jeder neue Milchrekord einer Kuh in einem Kibbuz war ein weiterer Satz im Dialog mit »dort«, mit allem, was dieses Negativ des Lebens ausmachte.

Deutschland gehörte ganz zweifellos zu dieser anderen, finsteren Welt, mit der man nie und nimmer etwas zu tun haben durfte. 1952 stürmten Zigtausende aufgebrachte Israelis die Knesset aus Protest gegen das »Wiedergutmachungsabkommen«, das sie als »Verkauf der Erinnerung an die Ermordeten gegen Geld« empfanden. Noch Ende der Fünfzigerjahre gab es in den israelischen Reisepässen den Vermerk »Für alle Länder außer Deutschland«. In den Jugendbewegungen wurden endlose Debatten über eine Boykottpflicht gegen deutsche Produkte geführt.

Selbst die kühnste Phantasie hätte sich damals nicht die heute zwischen beiden Ländern herrschende Realität ausmalen können: das gewaltige Handelsvolumen (Deutschland ist Israels größter Handelspartner in Europa), das breit gefächerte Tourismusangebot, die rege kulturelle, wissenschaftliche und militärische Zusammenarbeit sowie die Tatsache, dass etwa 200 000 Israelis einen deutschen Reisepass und damit die doppelte Staatsbürgerschaft besitzen.

Eine vergleichbare Veränderung lässt sich auch in Bezug auf das israelische Deutschlandbild konstatieren: Deutschland wird wahrgenommen als ein stabiles, angesehenes, prosperierendes Land, als ein Staat, der sich seinen Verbrechen und seiner Vergangenheit gestellt hat und weiterhin stellt und sich vorbehaltlos der Sicherheit und dem Existenzrecht Israels verpflichtet fühlt.

Auch dies ein unfassbares Rätsel der menschlichen Spezies: dass die beiden Völker es in so kurzer Zeit geschafft haben, über den Abgrund der Vergangenheit Brücken des guten Willens und gemeinsamer Interessen zu schlagen und tief in der stark schmerzenden Wunde mit beinah routinierter Leichtigkeit eine scheinbar schmerzlose Bewegung zu ermöglichen.

Was hat diese unglaubliche Veränderung möglich gemacht? Ist es die in Israel verbreitete Ansicht, dass Deutschland in der Lage war und ist, sich zu seinen Taten zu bekennen und tiefe Reue zu zeigen? Und dass es heute wirklich ein »anderes Deutschland« gibt, das die Israelis auf eine verworrene und verborgene Weise an das Land und seine jahrhundertealte Kultur erinnert, zu denen sich ihre jüdischen Vorfahren hingezogen fühlten?

Zigtausend junge Israelis, die heute in Deutschland und vor allem in Berlin leben, befinden sich inzwischen in einer völlig anderen Begriffswelt als ihre Eltern: Sie begründen ihre Entscheidung, in Deutschland zu wohnen, mit dem wirtschaftlichen Komfort und der Anziehungskraft der pulsierendsten Kulturmetropole Europas. Die relative Mühelosigkeit, mit der viele von ihnen die Frage nach der Vergangenheit abhandeln, ist für meine Generation, das gebe ich zu, noch immer schwer zu begreifen.

Auch mich selbst verstehe ich in einem Punkt nicht ganz: Ich erinnere mich, wie ich das erste Mal nach Deutschland kam. Es war im Jahr 1988, als mein erstes Buch *Das Lächeln des Lammes* in deutscher Übersetzung erschien. Ich kam in München an. Es war mitten am Tag, die Stadt wach und munter, aber ich, der ich wie gelähmt war von der Furcht vor der Begegnung mit Deutschland, legte mich in meinem Hotelzimmer ins Bett und schlief bis zum nächsten Morgen. Niemals zuvor war mir so etwas passiert. Ich schlief, als ob ich hoffte, dass ich im Schlaf, ohne es zu merken, durch das Deutschland der Ängste meiner Kindheit und Jugend geführt würde, und dass der ganze Besuch so, im Schlaf, einfach vorüberginge.

Doch irgendwann bin ich aufgewacht und einfach in dieses Deutschland hineingegangen. Und seitdem habe ich das Land oft besucht, gute Freunde gefunden, wahre Seelenverwandte; die Schatten von »Was er wohl getan hätte, hätte er damals gelebt« sind fast verschwunden.

Ich begreife meine Wandlungsfähigkeit immer noch nicht. Zwar sage ich mir, dass sie doch eigentlich von Optimismus zeugt, von der Fähigkeit des Menschen zur Veränderung, zur

Gesundung und zur Überwindung der Vergangenheit, und doch verspüre ich irgendwo in mir immer noch eine Art Schuld oder Scham.

Als ich Schriftsteller wurde, wollte ich über die Schoah schreiben. Ich hatte das Gefühl, dass ich mein Leben »hier« in Israel – als Jude, als Israeli, als Mensch, als junger Vater, als Künstler – nicht würde verstehen können, solange ich nicht über mein Leben »dort« schreibe, während der Schoah, an dem Ort und in der Realität, die ich nicht gelebt habe. Das Gefühl nahm zu, als ich *Stichwort: Liebe* schrieb, ein Buch, in dem ich versucht habe, mir vorzustellen, was mit mir geschehen wäre, wäre ich »dort« gewesen, als Jude, als Mensch, aber auch als einer der Mörder. Was hätte ich dieser völligen Ausradierung meines Selbst, meiner Individualität, was hätte ich meiner Verwandlung in einen Untermenschen, der mit einer Nummer auf dem Arm zur Vernichtung bestimmt ist, entgegensetzen können? Und wenn ich ein Nazi gewesen wäre oder ein deutscher Bürger, hätte ich mich von der mörderischen Woge mitreißen lassen? Hätte ich mich ihr widersetzen können? Gibt es in mir etwas, das mich zu einer leichten Beute inmitten dieser Woge gemacht hätte?

Ich entdeckte, dass sich die beiden Extreme eigenartigerweise nicht grundsätzlich voneinander unterscheiden. Kann es sein, dass genau diese Erkenntnis heute »die wahrhafte Versöhnung« zwischen beiden Völkern ermöglicht?

In Israel ist die Schoah weiterhin sehr anwesend, vielleicht sogar mehr noch als früher: in Filmen und Theaterstücken, in Büchern, Forschungsarbeiten und in persönlichen Geschichten, die, je älter die Holocaust-Überlebenden werden, desto nachdrücklicher aus dem Schweigen heraustreten. In den letzten Jahren taucht sie sogar in Satiresendungen und Stand-up-Shows auf. (Über die Schoah lachen, das dürfen freilich nur wir, die Juden, und wenn Nichtjuden über sie lachen, dann gnade ihnen Gott.) Selbst in der Politik, im Wahlkampf, in der Debatte über das geplante Nuklearabkommen mit Iran ist sie allgegenwärtig. Jedes Jahr fahren Zigtausende israelische Jugendliche nach Polen zu einer Rundreise durch die ehemaligen NS-Vernichtungslager und meinen danach, eine deutliche Parallele zwischen der Schoah und dem heutigen Israel zu erkennen. Bei manchen wird sie zu einem dominanten Bestandteil ihrer jüdischen Identität und lässt den Reichtum und die Vielfalt des Judentums vor der Schoah fast völlig verschwinden. Aus dem Blickwinkel dieser Israelis bedeutet Judentum vor allem Schoah.

Solche Ängste und Eingrenzungen mutieren schnell zu einer Weltanschauung und zu einem Wertesystem des Misstrauens und der Aggression. Aber warum sich über 17-Jährige beklagen, wenn der Premierminister von Israel – der stärksten Macht der Region mit einer der stärksten Armeen der Welt – seinen Bürgern die Existenzfrage des Staates seit Jahren immer wieder im Vokabular der Schoah, der Vernichtung und des ewigen Opferseins, präsentiert?

Demgegenüber wird den Israelis nicht selten an den Kopf geworfen, »ihr Juden habt unter den Nazis gelitten, und deshalb fügt ihr den Palästinensern dasselbe Leid zu!«. Eine widerliche Behauptung. In Nazideutschland haben die Juden nicht auf Leben und Tod gegen die Deutschen gefochten oder um die Herrschaft über deutsches Territorium gekämpft. Zudem ist Israel heute nicht aufgrund einer Rassentheorie der Besatzer des palästinensischen Volkes und hat seine Bürger, Gott bewahre, nicht zur Ausrottung der Palästinenser aufgehetzt. Die Besatzung ist Folge eines Krieges, den fünf arabische Staaten 1967 gegen Israel anzettelten, um es zu vernichten, und die dabei aber geschlagen wurden.

Die Verbindung zwischen der Schoah und der heutigen Lage Israels ist anderswo zu suchen, wahrscheinlich da, wo das Verhalten Israels bei allem, was mit der Beilegung des Konflikts zu tun hat, reflexartig in Misstrauen und tiefe, lähmende Angst umschlägt. Hier verbindet sich die Gegenwart mit dem, was dem jüdischen Volk in der Schoah zugestoßen ist. Weil das, was die Juden erlitten haben, die historische und spirituelle Erfahrung, die sich so tief und schmerzhaft in ihr Bewusstsein eingebrannt hat, vielleicht der entscheidende Grund ist, der Israel heute daran hindert, die notwendigen Schritte hin zu einem Frieden mit seinen Nachbarn zu unternehmen. Diese Haltung ist freilich kein internes psychologisches Problem: Israel drohen echte Gefahren, und es hat gute Gründe, seinen Feinden zu misstrauen und ihre Absichten zu bezweifeln. Die Palästinenser bleiben ein problematischer Partner für ein Friedensabkommen, ganz zu schweigen von der Hamas, die offen von der Vernichtung Israels spricht.

Abgesehen davon gibt es im israelischen Bewusstsein noch andere wunde Punkte, die sich – als Echos des Vergangenheitstraumas – mit den realen Gefahren mischen. Eine besondere Eigenschaft dieser Echos ist, dass sie lange und intensiv nachklingen. Und genau hier ist der Punkt in der israelischen Psyche, an dem die Israelis hilflos gegenüber Manipulationen sind; der Punkt, wo sich ihre Ängste türmen und sie die militärische Stärke Israels vergessen. Es ist der Punkt, der sie vor jeder vertrauensbildenden Maßnahme gegenüber ihren Feinden zurückschrecken lässt und wo jede Bedrohung Israels ins Vokabular der Schoah springt. Es ist der Punkt, an dem die Mehrheit der Israelis weder die Kraft noch den Mut besitzt, etwas zu unternehmen, das ihnen ein besseres und sichereres Leben bieten könnte. Es ist der Punkt der größten Albträume und der bloßgelegten schrecklichsten Ängste. Hier regiert nur noch die Politik der Angst und der Verzweiflung.

Um einen wirklichen Friedensprozess in Gang zu setzen, müssen wir Israelis erst einmal unsere basalen Existenzängste überwinden (oder richtiger gesagt: Wir müssen auf sie verzichten). Wir müssen lernen, daran zu glauben, dass Frieden für uns eine Möglichkeit ist, nicht auf alle Ewigkeit – als sei das ein Gebot des Himmels – dazu verurteilt zu sein, mit dem Schwert zu leben und zu sterben. Um an die Chance zum Frieden zu glauben, müssen wir zuallererst an die Möglichkeit einer fundamentalen Veränderung zum Guten glauben. Dabei weiß ich sehr wohl: Wer wie das jüdische Volk mit der Schoah geschlagen ist, der braucht beinahe übermenschliche Kräfte, um mit Überzeugung an all dies zu glauben – und das inmitten einer gewalttätigen Konfrontation ohne absehbares Ende.

Da ich diese Zeilen für ein deutsches Nachrichtenmagazin schreibe, möchte ich hier sofort betonen: Ich sage all dies nicht, weil ich heute von Deutschland eine Heilung von dem erwarte, was es damals angerichtet hat. Letztendlich können nur wir, die Israelis, es – vielleicht – schaffen, uns aus der

Falle zu befreien, in der uns die Vergangenheit bis heute gefangen hält. Diesen Schritt kann niemand anders für uns machen.

Nur wenn wir erstmals in der modernen Geschichte ein Leben in wirklichem, vollkommenem Frieden erleben, erleben dürfen, werden wir aus dem gefährlichen, lähmenden Opferbewusstsein aussteigen und uns vor dem Existenzparadox retten können, in dem das jüdische Volk seit hundert Jahren gefangen ist. Das Paradox eines Volkes, das im Laufe seiner gesamten Geschichte überlebte, um zu leben – und jetzt lebt, um zu überleben; das nicht wirklich ein angstfreies Leben herbeisehnt und nicht wirklich an die Möglichkeit von einem Leben in Frieden glaubt.

Überleben. Von einer Katastrophe zur nächsten. Von einem Krieg zum nächsten. Wenn es etwas gibt, aus dem sich die Hoffnung schöpfen lässt, dass Israel mit seinen Nachbarn und vor allem mit den Palästinensern Frieden schließt, dann ist es genau dieser beinahe unglaubliche Prozess, der sich zwischen Israel und Deutschland entwickelt hat: diese menschliche Fähigkeit, über einem Abgrund von Hass und Misstrauen Brücken zu schlagen, Brücken, die zu tun haben mit Realitätssinn, mit gemeinsamen Interessen und irgendwann auch mit gegenseitiger Neugier und Nähe.

Sollten die Flammen des Konflikts zwischen Israelis und Palästinensern jemals ersticken, stünden die Chancen nicht schlecht, dass sich in beiden Völkern die Kräfte des Lebens und der Vernunft behaupten. Wenn sich im israelischen Bewusstsein das Gefühl existentieller Sicherheit stabilisiert, wenn wir Israelis die Vorteile eines Friedens verinnerlichen, dann ergibt sich vielleicht die Hoffnung, dass wir uns auf einen neuen seelischen Zustand einlassen können, der hinsichtlich unserer Geschichte und sogar mit Blick auf die Schoah weniger quälend und weniger einbetoniert ist.

Lässt sich hieraus eine Einbindung Deutschlands in die Friedensinitiativen für den Nahen Osten folgern oder fordern? Oder muss sich Deutschland aufgrund seiner Vergangenheit zurückhalten und auch andere daran hindern, politischen Druck auf Israel auszuüben? Ist ein Vorantreiben einer Friedensregelung auf kalkulierte und behutsame Weise wirklich eine Vorgehensweise, die Israel schadet? Besteht nach deutscher Ansicht die Sicherheit Israels, zu der Deutschland sich verpflichtet hat, aus der Lieferung deutscher U-Boote und Waffen, oder ist es möglich, dass ein Friede zwischen Israel und seinen Nachbarn ein zentrales Element dieser Sicherheit wird? Ist Deutschland diesbezüglich aktiv genug, oder kommen ihm der Status quo und also Israels Furcht und Zorn eigentlich sehr gelegen?

Als Israeli denke ich: Wenn Deutschland seinen Einfluss und seine Position in Europa geltend machen, Verhandlungen zwischen Israel und den Palästinensern immer wieder anstoßen und dies zu einem wahren Frieden führen würde, dann könnte auch Deutschland seiner eigenen Geschichte gegenüber eine neue, andere Haltung einnehmen.

Aus dem Hebräischen von Kirsten Praefcke-Meron
und Christoph Buchwald

TATSACHEN DES LEBENS
UND DES TODES

Rede in Harvard, The Rita E. Hauser Forum
for the Arts, 6.10.2015

Erlauben Sie mir, mit einer Geschichte zu beginnen.

Ora ist Israelin, etwa fünfzig Jahre alt, Mutter zweier Söhne, sie lebt getrennt von ihrem Mann. Ihr jüngerer Sohn Ofer steht kurz davor, seinen dreijährigen Militärdienst zu beenden, und beide planen, seine Entlassung aus der Armee mit einer einwöchigen Wanderung durch Galiläa, im Norden Israels, zu feiern.

Drei Jahre hat er beim Militär gedient, in den besetzten Gebieten, geriet in schwierige Gewaltsituationen, wurde von Palästinensern und jüdischen Siedlern angegriffen, stand tags und nachts an Straßensperren und tat Dinge, die er lieber vergessen würde.

In diesen drei Jahren ist er härter und verschlossener geworden, immer unzugänglicher für Ora, ihr immer fremder.

Ora hofft, wenn sie mit Ofer allein sein wird – nur sie beide in der überschwänglichen Schönheit der Natur –, wird es ihr gelingen, ihn »weichzukriegen«, ihm die Schichten der

Fremdheit und des Militärischen, die er sich zugelegt hat, abzuschälen, Schichten, die er anscheinend brauchte, um in den Katastrophengebieten des Konflikts zu funktionieren. Sie glaubt, sie könne seine Härte »wegmassieren« und dann hoffentlich den sensiblen, zarten Jungen »zurückbekommen«, der er gewesen war, bevor er auszog und zum Militär ging. Mit dieser Wanderung durch Galiläa will sie ihren Sohn aus der Umklammerung des Militärs, des Staates und des Krieges befreien.

Doch an dem Morgen, an dem Ora und Ofer ihre Wanderung beginnen wollen, die Rucksäcke stehen schon gepackt bereit, startet Israel noch eine Militäraktion in der Westbank, und Ofer beschließt, für weitere vier Wochen zur Armee zurückzukehren, um an der Seite seiner Freunde zu kämpfen.

Ora, besorgt und frustriert, fühlt sich von ihrem Sohn betrogen, fährt ihn aber dennoch zum Sammelpunkt seines Regiments, küsst ihn und sagt, »pass gut auf dich auf«. Sie spielt perfekt die Rolle israelischer Eltern, die ihren Sohn zum Krieg bringen.

Ora tut genau das, was mein Vater tat, als er mich 1973 zum Jom-Kippur-Krieg brachte, und was ich vor zehn Jahren tat, als ich meinen Sohn zum Libanonkrieg brachte.

Wir wissen, was wir zu tun haben, wir kennen die richtigen Bewegungen, die passenden Sätze für diesen Moment; diese Verhaltensmuster sind uns tief eingeprägt.

Nachdem sie Ofer zu seinem Sammelpunkt gebracht hat, fährt sie nach Hause. Und ab diesem Moment spürt sie tief in sich ein eindringliches Wissen, dass die Boten vom Militär schon bald an ihre Tür klopfen werden, um ihr die Nachricht seines Todes zu überbringen.

Ora ist eine der beiden Hauptpersonen in meinem Buch *Eine Frau flieht vor einer Nachricht*. Es ist eine fiktive Geschichte über eine realistische und konkrete Situation, die Hunderttausende von Israelis erlebt haben: das Warten auf die Überbringer der Nachricht.

Doch Ora tut zu ihrer eigenen Überraschung etwas anderes. Noch während sie in ihrer Wohnung sitzt und auf die Boten wartet – so, wie sie erzogen und programmiert wurde –, denkt sie plötzlich: Für eine schlechte Nachricht braucht es immer zwei: einen, der sie bringt, und einen, der sie entgegennimmt. Und da hat sie eine Idee, oder besser gesagt eine eigenartige Intuition: Was würde passieren, wenn sie nicht da wäre, um die Nachricht zu empfangen? Wenn sie sich weigern würde, sie zu empfangen? Einen verrückten Moment lang denkt sie, ihre Verweigerung könnte das Rad vielleicht zurückdrehen, könnte das ganze militärische Prozedere stören und ihrem Sohn, vielleicht, vielleicht, noch ein paar Stunden Leben schenken, bis die Boten herausfänden, wo sie sich versteckt, und ihre Botschaft in sie hineinbohren würden.

Wie gesagt, ein verrückter Gedanke, doch Ora versteht plötzlich: Dies ist der einzige Protest, der ihr geblieben ist. Sie wird den Empfang der Nachricht verweigern. Sie wird die erste Empfangsverweigerin sein.

Und tatsächlich flieht Ora, sie taucht unter. Dabei schleppt sie Avram mit, entführt ihn geradezu. Avram, ihre Jugendliebe und vielleicht die Liebe ihres Lebens, den sie mit sechzehn kennengelernt hatte als einen Vulkan voller Ideen, Erfindungen, Begierden und Phantasie.

Avram, der 1973 im Jom-Kippur-Krieg in ägyptische Kriegsgefangenschaft geraten und von dort körperlich und seelisch gebrochen zurückgekehrt war, der seitdem fast ganz für sich allein blieb, keinen Kontakt mit dem Leben mehr wollte und nicht verstand, warum das Leben ihn nicht aufgab. Ora nimmt ihn gegen seinen Willen mit auf ihre Wanderung. Wie Schlafwandler ziehen sie durch Galiläa, durch die großzügige Natur. Sie sind seit Jahren das erste Mal wieder zusammen, und Ora beginnt von Ofer zu reden und erzählt Avram all die kleinen Details, die Ofers Lebensgeschichte ausmachen.

Je länger ich an dieser Geschichte schrieb, umso klarer formulierte sich in mir Oras Wunsch: Mögen die Wörter und die vielen kleinen Details aus seinem Leben, möge die Tatsache, dass ich sie immer und immer wieder erwähne, wie ein Gebet, Ofer in seiner Lebensgefahr beschützen. Indem Ora so handelt, glaubt sie, ihren Sohn am Leben zu halten. Nach und nach begriff ich etwas, das ich, als ich selbst ein junger Vater von drei Kindern war, in dieser Klarheit nicht verstanden hatte:

Normalerweise versuchen wir, »gute Eltern« zu sein, wir sorgen dafür, dass unsere Kinder sich ausgewogen ernähren, bringen sie zum Arzt, wenn sie Fieber haben, achten darauf, dass sie in der Sonne ihren Sonnenhut tragen, decken sie nachts zu. Wir schicken sie zum Karatekurs, zum Ballett oder zur Klavierstunde, befragen ihre Lehrer zu ihren schulischen Leistungen, fördern ihre Begabungen. Wir sorgen uns um ihr Verhältnis zu anderen Kindern, ihren Platz in der Gemeinschaft.

So wie Ora selbst es sagt: Unendlich viele Handlungen, Bemühungen, Hoffnungen, Reden und Gedanken, unendlich viel Hingabe und Zuhören, gute Absicht und Scheitern, Enttäuschung und Liebe – das alles, um einen Menschen in der Welt zu bilden. Und dann fügt sie hinzu: Einen Menschen, der so leicht zu zerstören ist.

Beim Arbeiten an dem Buch merkte ich, wie sehr ich mich von der Beschreibung dieser Tätigkeiten, die ich von meinem eigenen Vatersein kannte, mitreißen ließ. Ich spürte die gewaltige Macht des Alltäglichen, der kleinen Tatsachen des Lebens, und dachte, wir Eltern tun all dies, weil es uns natürlich um das Wohl unseres Kindes geht und weil es uns wichtig ist, ihm gute Eltern zu sein.

Doch vielleicht gibt es da noch etwas: einen unterirdischen, gar nicht ausformulierten Gedankenstrom, der uns durch den Kopf geht – wie ein Schatten am Rand unserer Familienfotos: Als führten wir, indem wir all diese guten Dinge für unser Kind tun, tief in unserer Seele ständig auch eine Art geheimen Dialog mit dem Schicksal oder mit dem Tod. Als sagten wir zu ihnen, zum Schicksal, zum Tod, vielleicht zu Gott: Wir werden alles für dieses Kind tun, wirklich alles, und du, Gott, Schicksal oder Tod, du, rühr es nicht an. *Lege deine Hand nicht an den Knaben und tu ihm nichts …*

Wenn dann aber über dem Kopf des Kindes eine Gefahr schwebt, haben wir das entsetzliche Gefühl, es ist eine ganz physische Empfindung, dass sich alles, was wir ihm eingeflößt haben, plötzlich auflöst und verschwindet. Angesichts der mörderischen Entschlossenheit des Todes ist all unsere Anstrengung, Investition und Hingabe kraft- und vielleicht sogar bedeutungslos.

Vielleicht, dachte ich, erzählt Ora deshalb bei ihrer Wanderung mit solcher Dringlichkeit, mit solchem Feuer das Leben ihres Sohnes.

Um sie herum herrscht Krieg, die Welt ist verrückt geworden, die Luft surrt von militärischer Sprache, einer Sprache, die von »der Lage« mit Beschlag belegt wurde, voll Kriegslosungen und Wortgetrommel, und Ora besteht darauf, ihrem Reisegefährten Avram die kleinen und großen Momente aus dem Leben ihres Sohnes zu erzählen.

Sie erzählt von der Nacht, in der Ofer gezeugt wurde, von seiner Geburt und wie sie ihn nachts gestillt hat. Alles beschreibt sie bis ins letzte Detail. Sie erinnert sich, wie sie beim nächtlichen Stillen spürte, dass sie in seinen Pupillen versank, und dass er sie sah und erkannte, so wie keiner auf der Welt sie je gesehen, je erkannt hat; und sie wusste, dass sie nie in ihrem Leben schöner gewesen war und auch niemals schöner sein würde als in jenen Momenten in seinen Pupillen.

Sie erzählt Avram, wie der kleine Ofer sich das erste Mal aufrichtete und auf seinen Beinen stand, wie sich plötzlich seine Perspektive, seine Wahrnehmung der Welt veränderte und auch sein Gefühl für den Platz, den er in der Welt einnahm.

Und sie erzählt Avram, wie sie mit Ofer stundenlang Hausaufgaben machte, ihm beim Lösen von Gleichungen helfen wollte, von denen sie selbst nicht wusste, wie man sie lösen sollte. Doch nicht die Mathematik war die Hauptsache, sondern ihr Zusammensein, der Bund zwischen Mutter und Sohn.

Ora belebt all diese Momente und spürt, dass sie dabei Ofer, der in Lebensgefahr schwebt, Kraft und Leben einflößt und seine Existenz bekräftigt. Sie macht aus Wörtern Lebenskraft, errichtet die Fülle des Lebens als Schutzschild um ihren Sohn. Nuanciert und präzise wählt sie persönliche Formulierungen, in einer Atmosphäre der Fremdheit und Gewalt schafft sie eine Insel der Intimität.

Sie besteht darauf, »der Lage« ihre eigenen Worte und Namen zu geben und sich nicht der Gehirnwäsche auszuliefern, die das System des Krieges pausenlos betreibt.

Eine Frau flieht vor einer Nachricht ist der Originaltitel des Buches, doch schon beim Schreiben spürte ich, dass Ora die schreckliche Nachricht bereits in sich trägt, sie kann vor ihr nicht fliehen, wohl seit dem Moment, in dem sie Ofer zur Welt brachte. *To the End of the Land* ist der englische Titel des Buches, denn es erzählt von einer Reise bis zu der Grenze, an der das Land endet, aber auch von der großen Angst jedes Israelis, der Angst vor dem *Ende des Staates*.

Ich habe in diesem Buch das Leben einer israelischen Familie beschrieben, die versucht, inmitten einer gewalttätigen Realität, deren Auseinandersetzungen zwischen Israel und den arabischen Staaten bereits über hundert Jahre andauern, eine Insel der Vernunft, des liebevollen, einfühlsamen Umgangs miteinander zu bewahren

Wenn ich schreibe, suche ich, wie viele Autoren, immer nach den kleinen, intimen Momenten im »historischen«, politischen, militärischen Sturm des Geschehens. Fast immer schreibe ich über das Leben in Israel. Über Menschen, die versuchen, in einer unnormalen Situation ein normales Leben zu führen. Menschen, die sich oft gar nicht mehr bewusst sind, wie sehr der Wahnsinn »der Lage« auf sie abgefärbt und ihren Charakter geprägt hat.

Ich schreibe über Menschen, die versuchen, in ihrer aktuellen Realität, in einem Resonanzraum der Geschichte mit seinen nicht endenden Echos von Verlust, Gewalt und Todes-angst, ein würdiges, sicheres und ruhiges Leben zu führen.

Ich schreibe über Menschen, die ihre Kinder zu Liebe, Vertrauen, Offenheit, Dialog und Neugier gegenüber jedem großziehen wollen und die sich die ganze Zeit fragen, ob sie ihre Kinder wirklich auf das Leben in dieser grausamen Realität hier vorbereiten.

Ich schreibe über Menschen, die ich um mich herum sehe – Israelis, die zu einem Volk gehören, das seine ganze lange und tragische Geschichte überlebt hat, um endlich zu leben. Und das hier nun lebt, um zu überleben, nicht sehr viel mehr: Es versucht nur noch zu überleben, von einem Schlag zum nächsten, von einem Krieg zum nächsten, von einer Katastrophe zur nächsten.

Ich schreibe über Menschen, die sich so sehr an ihre verzweifelte Situation gewöhnt haben, dass sie sich vor Hoffnung geradezu fürchten, denn sie sind überzeugt, dass ihre Hoffnung enttäuscht werden wird.

Und während ich dies sage, halte ich inne und frage mich: Wovon rede ich denn? Wer ist hier verzweifelt? Sieh doch, Israel blüht und gedeiht, das Land ist wirtschaftlich und militärisch stark. Sieh, wie es Israel gelingt, seine Offenheit und Demokratie zu bewahren, allen Gefahren und Bedrohungen zum Trotz. Sieh, was in den Ländern um uns herum passiert, in Syrien, im Irak, in Libyen, im Jemen, und in welch einem Paradies du lebst.

All das sehe ich. All das weiß ich, und ich bin sehr dankbar dafür.

Und trotzdem.

Trotzdem spüre ich in dieser unglaublichen Energie und

Kreativität auf allen Gebieten, in der menschlichen Wärme und der enormen emotionalen Hochspannung der Israelis mehr und mehr – und ich nehme an, ich bin nicht der Einzige – die Kälte unterirdischer Strömungen, der großen historischen Fehlentwicklung, in der wir gefangen sind, seit wir 1967 zu Besatzern wurden, und ihre Schrecken.

Verstehen Sie mich nicht falsch – die Wurzeln des Konflikts, die Wurzeln der Tragödie und auch des Hasses gegen Israel begannen nicht erst 1967. Sie liegen viel tiefer und ihnen ist wesentlich schwieriger beizukommen als dem Problem der Besatzung.

Natürlich hat Israel viele Gründe zu Sorge und Angst und nur sehr wenige Gründe, den arabischen Ländern zu vertrauen. Auch relativ gemäßigte arabische Staaten wie Ägypten, Jordanien und Saudi-Arabien weigern sich, das Existenzrecht Israels wirklich anzuerkennen. Sie sind vielleicht bereit, sich mit der Tatsache abzufinden, dass Israel existiert, aber nicht mit seinem Existenzrecht.

Die Palästinenser sind nicht minder schwierige Verhandlungspartner als die Israelis; je größer ihre Verzweiflung, umso stärker werden die Hamas und radikale, fundamentalistische Kräfte.

Sogar gemäßigte arabische Gesprächspartner, mit denen ich mich in den letzten dreißig Jahren unterhalte, weigern sich, die tiefe historische Bindung der Juden an das Land Israel zu akzeptieren. Auch sie sehen Israel als Dependance des Westens, wenn nicht, schlimmer noch, als Metastase eines Krebsgeschwürs, als Repräsentant des westlichen Kolonialismus. Sie verstehen nicht, dass – obgleich der Staat Israel mit nicht geringer Hilfe des mehrheitlich tatsächlich kolonialistischen Westens gegründet wurde – das jüdische Streben nach Zion wesensmäßig aber dennoch nicht in die Kategorie des Kolonialismus gehört, sondern vielmehr Teil der Nationalbewegung eines Volkes ist, das sich durch Jahrhunderte des Exils nach seiner Heimat gesehnt hat.

Solange die arabischen Staaten unsere Verbundenheit mit dem Land Israel nicht akzeptieren, wird es keinen wirklichen Frieden geben. Vielleicht wird es einen formalen, kühlen, zerbrechlichen Frieden geben, doch einen beständigen Frieden kann es nicht geben, bevor sie nicht wirklich und ehrlich akzeptieren, dass wir Juden, als Volk, Kultur, Religion und Sprache, im Land Israel entstanden sind, dass Israel unser Zuhause war.

Doch kann die Anerkennung der Art und Weise, wie Israelis ihren Platz hier sehen, als Vorbedingung für den Beginn von Verhandlungen gestellt werden (wie Netanjahu es von den Palästinensern fordert)? Sicher nicht! Meines Wissens gibt es in der Geschichte keinen Präzedenzfall für ein Abkommen zwischen Staaten, das die Parteien dazu verpflichtet, das Narrativ der jeweils anderen Seite zu akzeptieren.

Auf eben dieselbe Art müssen wir, die in Israel lebenden Juden, die Tragödie der Palästinenser, die im Krieg 1948 aus ihren Häusern geflohen sind oder vertrieben wurden, aufrichtig verstehen und anerkennen. Wenn wir die Tiefe ihres Schmerzes und ihrer Erniedrigung, das Ausmaß ihrer Tragödie, die Narben des »Nakba«, die sie mit sich herumtragen, und ihre starke Bindung an dieses Land, das zurzeit zum größten Teil uns gehört, nicht verstehen, dann wird es keinen wirklichen, tragfähigen und vollen Frieden geben.

Können Palästinenser nun diese Anerkennung als Vorbedingung für Verhandlungen fordern? Sicher nicht! Das Kennenlernen, Verstehen und Anerkennen muss sich auf natürlichem Wege entwickeln, es kann nicht per Dekret erzwungen werden. Nur ein faires Friedensabkommen, welches die Zukunft beider Staaten sichert und mit der Zeit zu besseren, engeren nachbarschaftlichen Beziehungen führt, wird über die Jahre, vielleicht über Generationen, eine ehrliche Offenheit für das Leiden des Nachbarn, für seine berechtigten Argumente, seine Tragödie und seine Geschichte ermöglichen.

Bis diese Entwicklungen eintreten, braucht Israel eine starke Armee, die es zu verteidigen vermag. Doch die Armee allein kann keine ausreichende Antwort auf unsere Existenz im Nahen Osten geben. Irgendwann kann auch eine starke Armee von einer noch stärkeren oder noch entschlosseneren besiegt werden.

Israel braucht eine starke Armee und braucht Frieden. Diese Komponenten zusammen können unsere Zukunft sichern. Frieden ist für Israel nicht weniger lebensnotwendig als eine starke Armee.

*

Lassen Sie mich kurz über das sprechen, was wir in Israel »die Lage« nennen.

»Die Lage« ist ein Codewort, es ist die treffendste und dichteste Beschreibung der israelischen Existenz in den letzten Jahrzehnten, mit ihrer ganzen Vielschichtigkeit und ihren mannigfaltigen Ursachen. Der Begriff »die Lage« beschreibt eigentlich etwas Statisches, Beständiges, im israelischen Kontext jedoch das genaue Gegenteil: »Die Lage« ist ein Euphemismus für ein Bluten, das schon über hundert Jahre andauert, für unzählige Kriege, Besatzung, Terror, Gewalt und existentielle Angst.

In Nordirland hat man dies »The Troubles« genannt. Wir in Israel wählten einen »saubereren«, gleichsam neutralen Begriff: »die Lage«.

Weil wir dermaßen an »die Lage« gewöhnt sind und gelernt haben, uns in ihr einzunisten, haben viele von uns sonderbare Ideologien entwickelt, um sie zu rechtfertigen und zu »beweisen«, dass dies die einzige für uns bestimmte Realität ist und wir gleichsam für sie auserkoren sind. Dies ist unser Schicksal, undenkbar, dass uns je ein anderes Schicksal zuteilwerden wird.

Betrachtet man »die Lage« nun wirklich als das »uns bestimmte Schicksal«, erhält der Konflikt eine andere, eine irrationale, mythische Dimension: Damit wird im Bewusstsein vieler Israelis und – schlimmer noch – im Bewusstsein der gegenwärtigen politischen Führung Israels die Geschichte vom Konflikt zur Geschichte von einem Volk, das dazu verurteilt ist, für immer im Krieg zu leben, als sei dies seine Bestimmung. Wenn man es so sieht, gibt es keinerlei Chance für einen Frieden mit den Feinden dieses Volkes, nur einen ewigen Krieg um Leben und Tod.

*

In den letzten acht Jahren gab es drei Runden Krieg zwischen Israel und den Palästinensern. Vor zehn Jahren gab es einen schweren Krieg zwischen Israel und der Hisbollah im Libanon.

66

In allen Fällen begannen die Kriege plötzlich, beinahe von einem Moment auf den nächsten. Einen Moment hatten wir in relativer Sicherheit gelebt, hatten in dieser merkwürdigen Routine mitten im Rachen des Vulkans die Besatzung »gemanagt«, den Konflikt gewissermaßen sterilisiert, sodass man ihn gut ausblenden konnte, und im nächsten Moment befanden wir uns in einem entsetzlichen Krieg mit Tausenden von Toten und Verwundeten. Die meisten auf palästinensischer oder libanesischer Seite, Hunderte von ihnen in Israel. Bombardierte Städte, zerstörte Stadtviertel. Menschen, deren Leben nie mehr so sein wird wie vor dem Krieg.

Vier Kriege in zehn Jahren.

Wenn Sie ein solches Leben führen, das jeden Moment in den Albtraum des Krieges umschlagen kann, können Sie nicht wirklich daran glauben, dass ein normales Leben möglich ist. Normaler Alltag erscheint Ihnen als Illusion.

Sie wissen, um an die Möglichkeit eines normalen Alltags zu glauben, müssen Sie vieles vergessen, müssen aus Ihrem Bewusstsein weite Teile der Wirklichkeit ausblenden. Und doch ahnen Sie tief in Ihrer Seele, dass Ihr Alltag nur das Vorspiel zur nächsten Katastrophe ist. Dass Ihr Alltag nicht beständig genug ist für ein normales, gesundes Leben.

Vor dieser Nachricht fliehen Sie, so wie meine Ora vor der Nachricht flieht. Sie werden Fatalist, apathisch.

Und wenn Sie schon Jahrzehnte so leben, eine Generation nach der anderen, ein Krieg nach dem andern, dann hat Sie das, auch wenn Sie es nicht wollen und es sich nicht eingestehen, bereits programmiert, den Krieg als etwas »Natürliches« anzusehen.

Sie sind überzeugt, Krieg ist die beständigste, stärkste

Tatsache des Lebens: Aus solchem Material ist die Realität gemacht.

Wer da an die Möglichkeit des Friedens oder zumindest eines Kompromisses oder Dialogs zwischen zwei Völkern – dem israelischen und dem palästinensischen – glaubt, wird von denen, die die Mehrheit bilden, als gefährlich naiv betrachtet, als auf geradezu kriminelle Weise naiv, ja, als Verräter.

Dies sind die Tatsachen des Lebens und des Todes.

Vor Jahren interviewte ein amerikanischer Korrespondent in einer israelischen Fernsehsendung junge Paare vor ihrer Heirat und fragte sie nach ihren Zukunftsplänen.

»Wie viele Kinder möchten Sie?«, fragte er eines der Paare, und die schauten sich lächelnd an, und die junge Braut antwortete: »Drei.« Als der Journalist fragte, warum gerade drei, zuckte die junge Braut mit den Schultern und sagte: »Dann bleiben uns noch zwei, falls eines von ihnen umkommen sollte.«

Ich sah, wie der Korrespondent unter seiner Schminke erbleichte, doch die Art, wie diese Braut dachte – im Grunde ein eindeutiges Statement der Verweiflung und ein Eingeständnis der Niederlage –, war mir nicht völlig fremd, und auch vielen meiner Freunde nicht.

In unserem enttäuschungserprobten Staat spricht man von Hoffnung (sofern man überhaupt noch von ihr spricht) heute immer zögerlich, ein bisschen verschämt, als müsse man sich entschuldigen. Die Verzweiflung dagegen tritt selbstgewiss und kategorisch auf, als spreche sie im Namen eines Naturgesetzes oder Axioms, welches festlegt, dass es zwischen Israel und den Palästinensern niemals Frieden geben wird, dass der Krieg zwischen ihnen ein von oben verhängtes Urteil ist.

Und wie ich schon sagte: In den Augen der Verzweifelten ist jeder, der noch hofft und noch an die Möglichkeit des Friedens glaubt, zumindest naiv, wenn nicht gar ein Verräter.

Warum ein Verräter?

Weil er die Entschlossenheit der Israelis und ihr Durchhaltevermögen schwächt, indem er sie mit Hirngespinsten verführt, mit einem Wunschtraum, der niemals in Erfüllung gehen wird.

Das Scheitern der 1993 zwischen Israelis und Palästinensern unterzeichneten Osloer Verträge war, so habe ich manchmal den Eindruck, ein solcher Schlag ins Gesicht, dass es als Kränkung bis heute in der kollektiven Seele Israels rumort. Damals hatten sehr viele Bürger Israels, wenn auch nicht alle, zum ersten Mal für kurze Zeit zu glauben gewagt, dass aus dem Feind für einen Moment ein möglicher Partner geworden sei, und nicht nur das, sie haben darüber hinaus an die Möglichkeit geglaubt, dass es hier irgendwann einmal gut werden würde; dass eine solche Möglichkeit überhaupt bestehe; dass wir hier irgendwann, wenn auch erst in ferner Zukuft, gut leben könnten.

Welch ein Verrat!

Als hätten wir, indem wir uns verführen ließen, an etwas zu glauben, das unserer Lebenserfahrung und unserer tragischen Geschichte dermaßen widersprach, uns selbst und jenes schicksalshafte Geburtsmal verraten, das wir alle tragen.

Als das Osloer Abkommen dann platzte, wurden wir für diesen Verrat hart bestraft, mit Jahren der Gewalt und Hunderten von Opfern.

Diesen Fehler werden wir nicht wiederholen, sagen die Mitglieder der herrschenden Verzweiflungspartei in Israel, ab jetzt wird uns keiner mehr dabei ertappen, dass wir unseren Nachbarn und einer Chance für Frieden noch trauen. Wir glauben an keine Versprechen mehr und an keine Erfolgsaussicht. In dieser Beziehung hat die Rechte in Israel gesiegt. Es ist ihr gelungen, diese Weltsicht, die sie in den letzten Jahrzehnten propagiert, der Mehrheit der Israelis einzupflanzen.

In gewisser Weise hat die Rechte nicht allein die Linke besiegt: Sie hat ganz Israel bezwungen. Zum einen, weil diese pessimistische Weltsicht den Staat zum denkbar kritischsten Zeitpunkt stagnieren lässt, an dem er alles unternehmen müsste, um Frieden mit seinen Feinden zu erlangen, an einem Punkt, wo Mut, Flexibilität und Kreativität gefordert sind. Zum anderen hat die Rechte Israel bezwungen, indem sie das zum Erliegen brachte, was man einmal den »israelischen Geist« nennen konnte: jene Fähigkeit, sich selbst neu zu gebären, jenen Geist des Trotz-allem voll Mut, Initiative und Hoffnung.

*

Sie werden bestimmt fragen: Und wenn es tatsächlich in Zukunft einmal Frieden gäbe, welche Chancen böte er dann? Was für eine Hoffnung könnte es in einer so schwierigen Situation überhaupt noch geben?

Nur eine nüchterne, realistische Hoffnung, die weiß, wie begrenzt der Handlungsspielraum beider Seiten ist. Eine Hoffnung, die Gefahren nicht ignoriert, die sich aber weigert, ausschließlich die Gefahren zu sehen. Die Hoffnung darauf, dass, wenn die Flammen, die den Konflikt anheizen, einmal verloschen sind, die gesunden, vernünftigen Charakterzüge der gemäßigten schweigenden Mehrheit beider Völker langsam wieder zum Vorschein kommen.

Ist diese Hoffnung vergeblich? Ist dies verbrecherische Naivität?

Oder ist nicht vielleicht gerade der Glaube, dass Israel in allen Kriegen, die da kommen werden, immer siegen wird und dass es sich deshalb keine Mühe geben muss, mit seinen Nachbarn zu einem Frieden zu gelangen, ist nicht gerade dieser Glaube eine gefährliche, falsche Hoffnung?

Vielleicht ist der Glaube, dass Israel in alle Ewigkeit über Millionen von Palästinensern herrschen kann, ohne ihnen irgendeine Aussicht zu geben, ihr Schicksal einmal selbst zu bestimmen, ein Ausdruck verbrecherischer Naivität. Ebenso wie der Wunsch, dass die USA und andere starke Staaten Israel in alle Ewigkeit bedingungslos unterstützen werden, egal, was es tut, auch wenn es die Besatzungsherrschaft weiter verschärft, weiter Siedlungen baut, vernünftige Kompromisse ablehnt und immer weniger demokratisch und menschlich wird. Zeugt nicht gerade dies von verbrecherischer Naivität und einer blinden politischen Führung, die keine Ahnung hat, wohin sie Israel manövriert? Einer Führung, die schon jahrzehntelang gelähmt ist und es nicht wagt, sich selbst und dem Volk in Israel zu sagen, dass sie den Staat in den Abgrund lenkt?

Ich kann mir das Verhalten meines Landes, der Regierung und des Ministerpräsidenten immer weniger erklären; immer weniger verstehe ich ihre Logik.

Immer weniger verstehe ich den Widerspruch zwischen der Ideologie der Rechten in Israel und der Realität, die ihre Politik hervorbringt. Dies kann entweder ein binationaler Staat sein, was bedeutet, dass Israel bald nicht mehr die nationale Heimstätte des jüdischen Volkes sein wird. Oder die Fortsetzung der Besatzung und die Schaffung eines Apartheid-Systems, was bedeutet, dass Israel seinen demokratischen Charakter verliert. Oder es kann ein binationaler Apartheid-Staat sein, der vorgibt, eine Demokratie zu sein, und der die absolute israelische Übermacht zementiert.

Alle drei Optionen sind gefährlich, sowohl für die Palästinenser als auch für Israel. Bisher wurde nichts getan, um sie abzuwenden. Im Gegenteil.

Manchmal denke ich, ich klammere mich an die Hoffnung auf Frieden, weil ich mir den Luxus der Resignation nicht leisten kann. Mag sein. Aber ich bin auch davon überzeugt, dass die Lage zu verzweifelt ist, um sie den Verzweifelten zu überlassen; sie werden uns nur noch tiefer in die Verzweiflung treiben. Und wer sich mit der Verzweiflung abfindet, hat im Grunde schon kapituliert.

Nicht auf dem Schlachtfeld wurden wir besiegt, sondern als Menschen. Etwas für uns Menschen zutiefst Existentielles wurde uns in dem Moment geraubt, in dem wir uns damit abfanden, dass die Verzweiflung (und eine so breite Koalition der Verzweiflung) die Macht über uns hat.

In der für seine Existenz und Zukunft wichtigsten Frage hat sich der Staat Israel heute beinahe jeder Bewegungsmöglichkeit beraubt. Nicht nur seinen Führern, sondern auch der Mehrheit seiner Bürger gelingt es, »die Lage«, ihre eigene

Lage, aus dem Bewusstsein zu verdrängen. Sie sind fähig, sie nicht bewusst wahrzunehmen, und leben so bereits neunundvierzig Jahre. Und damit haben sie sich gar nicht schlecht und sogar ziemlich bequem eingerichtet.

Es ist ein deprimierender Gedanke, dass die gewaltige militärische Stärke, die Israel sich zugelegt hat, dem Staat nicht den Mut verleiht, seine Existenzangst und seine existentielle Verzweiflung zu überwinden und einen entscheidenden Schritt zu tun, der zum Frieden führen kann.

Es ist deprimierend, dass die Mehrheit in Israel gegenüber Herrn Netanjahus Manipulationen hilflos ist, wenn er wie ein Zauberer die wirklichen Gefahren, mit denen Israel konfrontiert ist, mit dem Echo vergangener Traumata vermischt.

Die Israelis fühlen sich ohnmächtig angesichts der Komplikationen einer Situation, die ihnen aussichtslos erscheint. Sie empfinden sich als Opfer einer Situation, die sie nicht ändern können.

Diese so tief in uns sitzende Sicht der Welt drängt uns in eine gefährliche, in die verletzlichste Ecke unserer verwundeten jüdischen Seele. Das Israelische, das sich selbst auch nach großen Katastrophen neu erschuf und stets mutig und initiativ in die Zukunft strebte, versinkt in den letzten Jahren wieder in der tragischen Wunde der Juden.

Mit der »tragischen Wunde der Juden« meine ich die Lebenserfahrung des jüdischen Kollektivs und des einzelnen Juden: das Gefühl, immer verfolgt zu werden, dazu verurteilt zu sein, verfolgt und gehasst zu werden und auf der Welt keinen Ort, kein Zuhause zu haben und niemals haben zu dürfen, das Gefühl, dass es unser tieferes Schicksal ist, immer Opfer zu sein.

Der Staat Israel wurde gegründet, um diese existentiell tragische Situation zu ändern. Israel sollte unser Zuhause werden, im vollen Sinne des Wortes. Aber Israel wird nicht unser Haus sein, wenn die Palästinenser nicht auch ein eigenes Haus haben werden.

Trotz des großen Ungleichgewichts der Kräfte zwischen Israel und den Palästinensern ist gerade dieser Punkt, der nicht allein von militärischer Stärke abhängt, der kritische Punkt, an dem man den Konflikt lösen kann: Nur wenn beide Völker ein eigenes Zuhause haben, einen eigenen Ort, an dem sie von den Jahren des Hasses und der Ängste genesen können, nur dann können sie ein erfülltes Leben führen. Etwa als junge Leute, die sich drei oder vier Kinder wünschen, weil dies ein Ausdruck der Hoffnung, des Lebenswillens und des Vertrauens in die Zukunft ist, und weil sie denken, dass es eine gute Welt ist, in die sie ihre Kinder setzen, und dass ihr Land ein guter Ort zum Kinderkriegen ist.

Frieden ist für Israel ein existentielles Interesse:

Nicht nur, weil er für Israel – und die Palästinenser – die Probleme der Besatzung, der Grenzen, der Flüchtlinge und der heiligen Stätten löst, all dies wichtige, lebensnotwendige Dinge, sondern vielmehr, weil Frieden uns, den Israelis, ermöglichen würde, *anders in der Welt zu leben*. Frieden würde es uns ermöglichen, unserer tragischen und schweren Geschichte auf neue Art zu begegnen, diesmal nicht als Opfer der »Lage«, sondern als Menschen, die es wagen, ihr Schicksal im Vertrauen auf ihre eigene Stärke selbst zu gestalten.

Frieden würde uns ermöglichen, mit all der Kreativität, der

Vision und dem Enthusiasmus, die wir haben, in der Welt zu leben, mit all dem, was das Wunder der Gründung dieses Staates, das Wunder seiner enormen Errungenschaften auf kulturellem, landwirtschaftlichem, wissenschaftlichem, industriellem Gebiet, auf dem Gebiet der Hightech-Industrie und noch vielen anderen Israel beschert hat.

Am Anfang dieses Vortrags habe ich von Ora erzählt, von der Frau, die vor der Nachricht vom Tod ihres Sohnes flieht. Danach habe ich über »die Lage« in Israel gesprochen. Erlauben Sie mir zum Ende meiner Rede, für einige Minuten zu meinem Roman *Eine Frau flieht vor einer Nachricht* zurückzukehren, und zwar zu jenem Moment, in dem das Buch, mein Leben und »die Lage« aufeinanderprallten.

Ich habe *Eine Frau flieht vor einer Nachricht* über einen Zeitraum von drei Jahren und etwa drei Monaten geschrieben, und als die letzten Fassungen schon fertiggestellt waren, brach der zweite Libanonkrieg aus und mein Sohn Uri, der Panzerkommandant war, wurde getötet.

Sein Panzer wurde von einer Rakete der Hisbollah getroffen, während er und seine Freunde versuchten, verwundete Kameraden aus einem anderen Panzer zu retten. Er war knapp einundzwanzig. Er und seine Kameraden erhielten postum den Orden für Mut und Selbstaufopferung.

Am Morgen nach der Trauerwoche kehrte ich zu dem Roman zurück, um ihn fertig zu schreiben.

Der Großteil des Buches war schon geschrieben. Was sich mehr als alles andere verändert hatte, war der Autor. Es war schwer, nach dem Geschehenen zum Schreiben zurückzukehren. Zu den Worten zurückzukehren. Ich hatte keine Worte.

Am Anfang war mir das Schweigen angenehm. Doch dann spürte ich immer deutlicher, wenn ich das Geschehene nicht mit meinen Worten lebendig machte, würde ich die Möglichkeit verlieren, mich meinem Verlust zu nähern. Meine inneren Kanäle würden verstopfen. Worte hatte ich keine, aber ich hatte das Gefühl, dass dieses Buch, das ich geschrieben hatte, der einzige feste Ort war, das einzige Zuhause, das nicht getroffen war.

Ich setzte mich hin und versuchte es. Tag für Tag, Woche für Woche.

Und ganz langsam, auf eine Art, die ich nicht erklären kann, erwachte in mir der Drang zu erfinden, die Begierde, mir Dinge auszudenken. Mir lebendige Menschen vorzustellen. Figuren zu schaffen. Ihnen eine Stimme zu geben, eine eigene Sprache, eine Biographie, Anekdoten, die Tatsachen des Lebens. Langsam entdeckte ich, dass ich ihnen wieder Libido einflößen konnte, Triebe, Leidenschaft und Liebe, dass ich ihnen Humor geben konnte, Schwächen, Begeisterung – dass ich mittels meiner Figuren den Puls des Lebens fühlen konnte.

Der unmittelbare Impuls, zum Schreiben zurückzukehren, resultierte vielleicht aus dem Wunsch, in der Lähmung, die der Tod erzeugt hatte, in der Starre, die der Tod nicht nur über den Toten verhängt hatte, sondern in gewisser Weise auch über den, der um ihn trauerte, eine *Bewegung* zu schaffen. Nicht nur Worte habe ich gesucht, sondern einen Weg, aus Worten Bewegung zu machen. Einen Rhythmus, der mir das Gefühl geben konnte, dass ich mich noch bewegen kann, noch frei sein kann gegenüber dem, was mich mit seiner Starre bedroht. Gewiss, was geschehen war, konnte ich nicht ändern. Den Toten kann ich nicht zurückholen, aber ich selbst werde nicht erstarren und der Willkür, die mich getroffen hat, nicht reglos gegenüberstehen. Ich werde weiter Opfer des Geschehenen sein, aber ich werde nicht ausschließlich Opfer sein.

Heute, nachdem ich *Eine Frau flieht vor einer Nachricht* und danach *Aus der Zeit fallen* geschrieben habe, weiß ich: In gewissen Situationen ist es die einzige Freiheit, die einem Menschen bleibt, seine Tragödie in seinen eigenen Worten zu formulieren, nicht in Worten, die andere ihm geben oder aufzwingen. Dies ist eine große Freiheit.

Auch wenn uns eine Katastrophe getroffen hat, sind wir nicht dazu verurteilt, uns ab jetzt nur noch über sie zu definieren. Wir sind nicht dazu verurteilt, nur noch nach dieser Katastrophe benannt zu werden. Sie zwingt uns vielleicht den Nachnamen auf, aber unseren Vornamen können wir immer noch selbst wählen. Das gilt für einzelne Menschen und auch für eine ganze Gesellschaft, ein ganzes Volk.

Aus dem Hebräischen von Anne Birkenhauer

EINE EXISTENTIELLE ANGST

Gespräch mit Christiane Alberti und Gil Caroz

Am Freitagnachmittag, den 13. November 2015, kam David Grossman mit seiner Frau nach Paris, um an der 45. Tagung der Ecole de la Cause freudienne (ECF) zum Thema »Paare. Unbewusste Verbindungen« teilzunehmen. Am selben Abend wurde die Stadt an sieben Orten von terroristischen Attentaten erschüttert. Die Tagung entfiel. Stattdessen gab David Grossman am Sonntag, den 15. November, zwei Mitgliedern der ECF, mit denen er an diesem Tag im Plenum hätte diskutieren sollen, ein Interview.

Die Medien und die Politiker sprechen von Krieg, um die Ereignisse zu beschreiben, mit denen wir aktuell konfrontiert sind. Als Israeli kennen Sie sowohl den Zustand des Krieges wie den des Terrorismus. Wie würden Sie Terror und Krieg unterscheiden?

Falls es in der Vergangenheit eine klare Unterscheidung zwischen Krieg und Terrorismus gab, so existiert sie heute nicht mehr. Aber bevor ich die Frage beantworte, möchte ich zuerst sagen, wie traurig und entsetzlich es ist, dass so viele Menschen, und überdies junge Menschen, ums Leben gekommen sind. Wir wissen, wenn ein Mensch getötet oder verletzt wurde oder auch nur bei einem solchen Ereignis zugegen war, wird das Leben seiner Familie nie mehr dasselbe sein. Der Schlag trifft nicht nur den Getöteten oder den Verletzten, sondern viel weitere Kreise. Sie werden von da an mit diesem Trauma leben.

Gestern sind meine Frau Michal und ich durch die Pariser Straßen gegangen und haben die Passanten beobachtet. Wir haben eine gewisse Erfahrung mit dem Prozess, wie sich die Angst vor dem Terrorismus in einer Gesellschaft ausbreitet, wie diese Möglichkeit darin zum Ausdruck kommt. Die Menschen beginnen einander gegenseitig mit Misstrauen zu betrachten, prüfen den Entgegenkommenden mit einem Blick in die Augen, denn jeder kann »mein Mörder« werden. Man beginnt beinahe automatisch, die anderen einzuteilen, nach Hautfarbe, Sprache, Erscheinungsbild, danach, ob der andere extrovertiert ist oder das Gegenteil … Man bildet von vornherein alle möglichen kulturellen Kategorien – das dient dazu, herauszufinden, ob eine bestimmte Person zu »meinem Lager« gehört und mich vermutlich nicht angreifen wird oder zu einem »anderen Lager« und mir also gefährlich werden könnte.

Ich fürchte, die französische Gesellschaft wird sich nach und nach an eine Reihe von Dingen gewöhnen, zu denen der Terror uns zwingt. Er will, dass wir misstrauisch werden, er will, dass wir in Angst leben. Der Terrorismus fordert die großen Ideale des Pluralismus, der Demokratie, der Gleichheit heraus. Der Terrorismus wird alles tun, um die drei Grundpfeiler Frankreichs – *Freiheit, Gleichheit, Brüderlichkeit* – zu zerstören. Es wird keine Freiheit mehr geben, denn wenn Sie in Angst vor dem Terror leben, sind Sie nicht frei. Es wird keine Gleichheit mehr geben, denn Sie werden eine Hierarchie unter denen aufstellen, die besonders gefährlich für Sie sind und deshalb staatlich überwacht werden sollten. Und natürlich wird es keine Brüderlichkeit mehr geben, denn dies alles wird die Gesellschaft spalten. Die zerstörerische Kraft des Terrorismus liegt darin, dass er die Struktur der Gesellschaft und die humanistischen Ideale unterminiert, denen Frankreich seinen Nimbus verdankt und die es zu dem machen, was es ist.

In Israel haben wir seit vielen Jahren Erfahrung mit dem Terror. Ich glaube allerdings, im Kampf gegen den Terrorismus gibt es einen Unterschied zwischen Israel und Frankreich. Ein Teil des Terrorismus gegen Israel, wohlgemerkt nur ein Teil, ist ein Appell von Menschen, die gehört werden wollen. Sie haben ein Anliegen, mit dem man übereinstimmen kann oder nicht, aber es ist ein politisches Anliegen. Sie wollen ihr Land, ihren Staat. Auch wenn ich persönlich meine, dass der Terrorismus zu verurteilen ist – es interessiert mich wenig, in welchem Namen ein Mord verübt wird, da der Mord als solcher inakzeptabel ist –, sage ich trotzdem, wir müssen diesen Leuten Gehör schenken, denn wenn wir einen Teil ihrer berechtigten Forderungen erfüllen, wird der Terrorismus vielleicht zurückgehen. Hier, bei diesem Krieg, den Daesch und al-Qaida Frankreich und dem Westen erklärt haben, bin ich nicht sicher, ob sie einen Dialog suchen. Die Mitglieder von Daesch, die die Verantwortung für die Attentate übernommen haben, sagen, sie wollen westliche

Menschen töten, weil sie Ungläubige sind. Sie glauben, dass Allah ihnen das Recht dazu gibt, Personen zu töten, die nicht an Mohammed glauben. Sie töten ja im Irak auch Muslime, deren Glauben von ihrem abweicht. Mit diesen Leuten ist überhaupt kein Dialog möglich: Sie sind völlig unzugänglich und müssen bekämpft werden.

Was also ist heute der Unterschied zwischen *Krieg* und *Terror*? Das ist eine schwierige Frage. Staaten sind es gewöhnt, ihre Kriege nach einem anachronistischen Konzept zu führen, wie in biblischen Zeiten: eine Armee gegen die andere, David gegen Goliath, etwas in der Art; wer die meisten Soldaten des anderen Lagers getötet hat, ist der Sieger und bekommt das Territorium, die Frauen und alles, was als Besitz des anderen Lagers gilt. Heute ist das nicht mehr so. Israel steht vor dem Problem, dass es nicht mehr mit Armeen konfrontiert ist – Syrien besitzt keine mehr, ebenso wenig der Irak, die des Libanon ist winzig und von der Hisbollah terrorisiert, und mit Ägypten befinden wir uns nicht im Krieg. Betrachtet man aber die Hisbollah im Libanon und die Hamas in Gaza als Armeen, so stellt man fest, dass sie aus dem Inneren der Zivilbevölkerung heraus kämpfen, weshalb man sie auch nicht angreifen kann, ohne zu riskieren, die Zivilbevölkerung zu treffen und umgehend den Protest der internationalen Gemeinschaft auf sich zu ziehen. Man kann also im Krieg mit ihnen zu keinem entscheidenden Ergebnis kommen. Es ist dermaßen kompliziert geworden ...

Die Kraft des Terrorismus liegt darin, dass er sich gegen jedes beliebige Land richten kann, wie mächtig es auch sei. In diesen Tagen kommt Netanjahu aus den USA zurück, die uns auf eine Weise hochrüsten, als ob Obama Gänse stopfte! Doch wie stark die Übermacht Israels auch sein mag, das wird unsere Probleme nicht lösen. Dass wir uns an ein immer weiter anwachsendes Waffenarsenal klammern, zeigt nur unsere Verzweiflung. Unser aktuelles Problem ist der dreizehnjährige Palästinenser mit seinem Messer. Da besitzen wir all diese ultramodernen Flugzeuge, aber was tun wir gegen diesen Jungen?

Wie Frankreich aktuell reagieren sollte, ist schwer zu sagen. Ich denke, der Westen und Russland haben keine Wahl, sie müssen ihre Kräfte bündeln und Daesch an der Wurzel bekämpfen. Frankreich muss eine Möglichkeit finden, die Dschihadisten zu bekämpfen, ohne die französischen Muslime zu bekämpfen; die Infrastruktur Ihrer Gesellschaft darf man nicht zerstören. Die Welt wird immer komplexer, und die Probleme sind so kompliziert, dass es nicht nur eine einzige richtige und praktikable Lösung geben kann. Und Sie werden merken, wie hoch der Preis ist, in Angst zu leben, wie sehr das die Gesellschaft vergiftet.

Hinsichtlich der spezifischen Probleme Israels sprechen Sie von einer »existentiellen Angst« der Gesellschaft, hier aber liegen die Dinge wohl anders.

Ja, natürlich, wir sind ja so eine kleine Nation. Es gibt heute achteinhalb Millionen Israelis, von denen nicht zu vergessen zwanzig Prozent israelische Palästinenser sind. Sie sind vollwertige israelische Staatsbürger, aber in ihrem Herzen gehören sie auch zu der großen arabischen Nation, die uns umgibt. Das ist eine sehr merkwürdige Situation, denn es handelt sich um eine Minderheit, die sich aber nicht wirklich als solche fühlt, da sie gleichzeitig einer sehr großen Mehrheit angehört. Wir, die israelischen Juden, bilden zwar die Mehrheit in Israel, aber wir empfinden es nicht so, da wir im Mittleren Osten nicht akzeptiert sind. In dieser prekären Situation, ohne Garantie für die Zukunft, können wir fast nicht anders als sehr aggressiv reagieren. Uns fehlt die Gelassenheit zu sagen, wir werden diese Gewalt dämpfen und nach und nach zerschlagen. Wir reagieren sofort mit Gegengewalt.

Wir sind uns unserer Existenz nicht sicher. Wenn Sie CNN schauen, zeigt man Ihnen israelische Soldaten, israelische Panzer, israelische Flugzeuge, »die die armen Palästinenser vernichten«. Sie sehen die Hand zur Faust geballt, aber die Israelis spüren eher ihre Handflächen und wissen, wie verletzlich sie sind. Wir erleben jede Bedrohung als existentielle Bedrohung. Ich würde sogar sagen: Es ist unsere Obsession, überall existentielle Bedrohungen zu sehen. Manchmal hat man den Eindruck, sobald eine existentielle Bedrohung verschwindet, wird eine neue heraufbeschworen. Da von Seiten Syriens, Ägyptens und Jordaniens keine Bedrohung besteht, beruft sich »Bibi« Netanjahu sofort auf die nächste existentielle Gefahr durch Iran. Iran ist in der Tat eine Gefahr für Israel, aber ich bin nicht sicher, ob sie so groß ist, wie Netanjahu sie darstellt. Als müssten wir ständig eine existentielle Gefahr im Nacken spüren.

Es ist interessant, dass es Nationen gibt – vielleicht gilt das für jede Nation –, die eine Geschichte brauchen, in der sie sich wohlfühlen, selbst wenn diese Geschichte sie in die ewige Opferrolle drängt. So ist es bei uns. Wir sagen, wir wollen nicht mehr Opfer sein, aber wir schaffen pausenlos

Situationen, in denen wir es sind oder in denen wir uns so fühlen. Und wenn sich eine Gelegenheit bietet, die uns davon befreien könnte, ergreifen wir sie nicht. Wir sind fasziniert von dem Gefühl, uns in einer Situation zu befinden, in der wir sagen können, niemand versteht uns. Man kann jedoch nicht sagen, die ganze Welt sei gegen uns, denn die Vereinigten Staaten, Deutschland, Frankreich, Großbritannien stehen auf unserer Seite. Niemals in unserer Geschichte waren wir in der günstigen Situation, von so vielen Großmächten unterstützt zu werden. Dennoch hat das dringende Bedürfnis nicht nachgelassen, uns ständig von allen Seiten ausgeschlossen, unverstanden und fremd zu fühlen. Diese Haltung ist sehr gefährlich für jeden, sei es ein Individuum oder ein Staat, weil man aus dieser Situation nicht mehr herausfindet.

Das Gefühl nationaler Demütigung ist unser Treibstoff. Demütigung ist ein wichtiger Begriff in unserer Psychologie. Diese Demütigung rührt aus unserer Geschichte, daraus, wie man uns behandelt hat, die Demütigung durch die Schoah, dass man uns so entsetzliche Dinge antun konnte, die Demütigung, dass wir in unserer Geschichte nie in der Lage waren, uns zu verteidigen, bis der Staat Israel geschaffen wurde.

Demütigung ist ein Gefühl, das uns in die Kindheit zurückversetzt. Man verhält sich auf sehr infantile Weise. Es gibt eine Ähnlichkeit zwischen Demütigung und Kindheit. Demütigung ist eine fundamentale Erfahrung des Kindes, es steht abseits von den anderen, versteht sie nicht, bemüht sich erst, die Codes der Gesellschaft, der Sprache, der Familie zu entschlüsseln. Es braucht immer ein wenig länger, hält sich immer einen Schritt zurück, man gehört als Kind nicht wirklich dazu, bis man es schließlich geschafft hat, und dann macht man sich über die Jüngeren lustig. Aber ein Staat, der von der Demütigung zehrt oder sich darin einrichtet, das ist gefährlich.

In welchem Augenblick haben die Israelis Ihrer Meinung nach die Chance versäumt, aus der Opferrolle herauszutreten?

Ganz eindeutig bei dem Treffen von Jitzchak Rabin, Arafat und Clinton in Camp David im September 1993. Das war eine Gelegenheit, weil es mindestens einen Staatschef gab – ich habe meine Zweifel bei Arafat, aber nicht bei Rabin –, der in einem bestimmten Moment begriffen hatte, dass der fehlende Friede destruktiv für Israel war. Rabin hat den Schritt zum Frieden nicht getan, aber er hat begriffen, dass die Situation des fortwährenden Krieges zwischen uns und den Palästinensern einen hohen Preis hatte. Er hat die Konsequenzen für unsere Gesellschaft erkannt, doch bedauerlicherweise wurde er ermordet.

Bedauerlich war aber auch, dass nicht einmal er in der Lage war, diese komplette Wendung zum Frieden zu vollziehen, denn er war sein Lebtag ein Mann der Armee. Das ist unser Fluch. Menschen, die ihr ganzes Leben im Kriegszustand verbringen, neigen dazu, Krieger als Staatschefs zu wählen. Das ist verständlich, aber solche Führer verdammen ihr Volk gewissermaßen dazu, im Kriegszustand zu leben, denn davon verstehen sie etwas, das ist ihre Sprache. Für die Sprache des Friedens braucht es ein anderes Vokabular, und das haben sie nicht, oder sie glauben nicht wirklich daran.

Diese Gelegenheit haben wir also verpasst. Ich habe einmal geschrieben, dass man den Frieden genauso entschlossen herbeiführen muss wie den Krieg. Man muss sich der Idee des Friedens vollkommen verschreiben, was auch immer passiert. Denn in dem Augenblick, in dem Israel und Palästina beginnen werden, Frieden zu schließen, werden beide Seiten in vielerlei Hinsicht einen gewaltigen Kompromiss eingehen müssen. Ein solcher Kompromiss ruft zahlreiche fanatische Revanchisten auf den Plan, von Seiten der Hamas und der Siedler. Sie werden alles daransetzen, diesen aufkeimenden Frieden zu zerstören. Ich bin nicht sicher, ob wir einen führenden Politiker haben, wir oder auch die Palästinenser, der mutig und weitsichtig genug ist, alle Kräfte, die sich dem jungen Frieden widersetzen, zu bändigen und ihn zu retten.

Selbst wenn sich eine solche Führungspersönlichkeit fände, läuft sie Gefahr, wieder ermordet zu werden. Ist das nicht auch ein Teil des Problems?

Das ist ein Problem. Man muss sehr viel persönlichen Mut haben, um diesen Wandel herbeizuführen, und ich bin nicht sicher, ob Netanjahu und Mahmud Abbas diesen Mut haben.

Lacan würde sagen, es braucht ein unbedingtes Begehren, das der Vernunft voraus ist.

Sehr schön gesagt! Das Problem ist, die meisten bei uns erinnern sich nicht einmal daran, dass dieses Begehren eine Option ist. Wir sind im Krieg geboren, und das seit drei oder vier Generationen. Wir sprechen über das Leben in der Terminologie des Krieges. Alles wird eingeteilt in »diese Person ist Freund oder Feind«, als ob es dazwischen nichts gäbe. Zu den Grundbegriffen gehören »Falle«, »Misstrauen«, »jederzeit alarmbereit sein«, oder auch Redeweisen wie »entweder du siegst auf der ganzen Linie, oder du verlierst auf der ganzen Linie«, als gäbe es keine anderen Möglichkeiten. Dieser Dichotomie des Verhaltens folgt die Sprache.

Wie können solche Menschen, im Krieg geboren und für ihn programmiert, eine andere Sprache sprechen lernen, insbesondere wenn die Wirklichkeit ihnen ständig Gründe liefert, Angst zu haben und misstrauisch zu sein? Ich bin da nicht sehr optimistisch, auch wenn ich es gern wäre.

Ohne das Thema zu verlassen, wollen wir doch noch über Ihre Werke sprechen. In dem Roman Eine Frau flieht vor einer Nachricht, *den wir für unsere Tagung gelesen haben, gibt es Übereinstimmungen mit dem, was Sie gerade sagten. Ora unterscheidet auch zwischen Israel und anderen Ländern.*

Sie sagt, dass wir wirklich an Israel glauben müssen, damit es existiert. Als ob das von unserem Glauben abhinge. Es hat mit unserer prekären Lage zu tun. Für die Bürger Frankreichs, Belgiens, der Vereinigten Staaten und der Mehrzahl der Länder auf der Welt ist es eine Selbstverständlichkeit, dass sie einen Staat haben und dass dieser ihnen für immer gehört. Wir, die Israelis, haben diese Gewissheit nicht. Für uns gibt es keine stabile Existenz. Die Bedrohung, dass wir Israel nicht mehr haben könnten, dass über diesem Land ein Verhängnis schwebt, geht uns nicht aus dem Sinn. Diese Furcht, diese Existenzangst ist immer da und nicht zu leugnen. Natürlich gibt es eine reale Gefahr, aber ich glaube, die Angst ist größer als die Gefahr.

Wenn ich meinen Premierminister betrachte, dann sehe ich, dass er ein Fachmann darin ist, die reale Gefahr, die uns bedroht, mit den Echos der traumatischen Vergangenheit zu vermengen. Als traumatisierte Gesellschaft stehen wir solchen Manipulationen hilflos gegenüber. Bei jedem, der in seinem Leben ein großes Trauma erlitt, genügt ein Wort, das mit den traumatischen Ereignissen in Verbindung steht, um ihn in eine Art katatonischen Zustand zu versetzen. In Israel befinden wir uns in solch einem katatonischen Zustand, und Netanjahu weiß, wie er uns in dieser Situation manipulieren kann. Wir werden lange Jahre der Stabilität, des Friedens und der guten Nachbarschaft mit den angrenzenden Ländern brauchen, um uns davon zu erholen.

Mag sein, dass Frankreich jetzt in Gefahr ist, auch wenn wir noch nicht wissen, wohin uns die Ereignisse von vorgestern führen werden; Sie werden hier vielleicht Dinge erleben, die Sie nie zuvor erlebt haben. Es kann zu Unruhen kommen, das ist nicht vorhersehbar, in jedem Falle ist es ein einschneidendes Ereignis, das die Gesellschaft verändern wird. Aber wie auch immer, Sie wissen, Frankreich wird Bestand haben. Wenn Sie die Mehrzahl der Israelis fragen: »Sind Sie sicher, dass Israel in fünfzig Jahren noch existiert?«, dann werden wenige die Frage bejahen. Wir sind eine Nation mit einer ruhmreichen und tragischen Vergangenheit, mit einer starken und dynamischen Gegenwart, aber mit einer ungewissen und fragwürdigen Zukunft. Wir glauben nicht wirklich daran, dass Generationen von Kindern und Kindeskindern in diesem Land aufwachsen werden. Einer der Gründe, für den Frieden zu kämpfen, ist, dass er uns von dieser Krankheit heilen wird, denn ich halte es für eine Krankheit. Es hat destruktive Auswirkungen, zu glauben, dass man nicht am ganz normalen Leben teilhat wie der Rest der Menschheit.

Ist das nicht ganz allgemein die jüdische Lebensbedingung?

Ja, eine Definition des Juden lautet: *einer, der sich in der Welt niemals zu Hause gefühlt hat, nicht einmal dort, wo man ihm freundlich gesonnen war.* Es gab immer eine Neigung, die Wurzeln auszureißen und fortzugehen. Das Bild von den äthiopischen Juden hat mich sehr beeindruckt. An einem einzigen Tag wurden sie mit einhundertdreißig Flügen in Hercules-Transportmaschinen nach Israel gebracht. Eine ganze Geschichte wurde von einem Ort an einen anderen verpflanzt. Das gilt auch für den Exodus aus Ägypten in biblischen Zeiten. Es gibt Hunderte von Fällen, in denen wir gewaltsam deportiert wurden, und natürlich gibt es die Schoah. Deshalb haben wir den Eindruck, dass die Welt kein gastfreundlicher Ort ist, kein guter Platz für uns.

Die humanistische Bedeutung Israels und des zionistischen Projekts – ich weiß, dass man davon in Europa heute eher verächtlich spricht – bestand darin, Menschen aus siebzig Ländern an einem Ort zusammenzubringen, ihrem Ursprungsort als Volk, als Kultur, als Religion, als Nation. Die Idee war, uns dahin zurückzubringen, damit wir einen eigenen Platz zum Leben haben und daraus unser Haus, unser

Zuhause machen könnten, was essentiell ist für jeden Menschen. Ein menschliches Wesen muss sich zu Hause fühlen. Wenn Sie sich auf der Welt nicht zu Hause fühlen, können Sie leicht entwurzelt werden. Das Tragische ist, dass wir uns nach siebenundsechzig Jahren Unabhängigkeit und Souveränität und trotz des enormen Waffenarsenals, das wir angesammelt haben, immer noch nicht zu Hause fühlen. Israel ist nicht, was es sein müsste. Ich glaube, solange wir keinen Frieden haben, werden wir auch nicht das Gefühl eines Zuhause haben. Wenn wir Frieden schließen, bleibt die Chance, und sei sie noch so klein, im Laufe der Zeit eine gewisse Normalität und vernünftige Beziehungen zu unseren Nachbarn herzustellen. Wenn die Palästinenser endlich ihren Staat erhalten, wenn sie ihre Kinder ohne Angst, ohne den Schatten unserer Besatzung großziehen. Ich möchte niemandes Schatten sein, wer es auch ist. Wenn ich aber ein Besatzer bin, werfe ich nicht nur meinen Schatten auf den anderen, sondern stehe auch selbst im Schatten. Wenn die Palästinenser die Chance erhalten, zum ersten Mal seit über einhundertzwanzig Jahren ein würdiges Leben zu führen – damals wurden sie von den Osmanen unterdrückt, danach von den Ägyptern, den Engländern, den Jordaniern und schließlich von uns, den Letzten in der Reihe und nicht den Schlimmsten! Aber es ist nicht leicht für ein Volk wie die Palästinenser, nach einer so langen Zeit der Unterwerfung ein freies Leben zu beginnen. In Freiheit zu leben bedeutet, eine gewisse Verantwortung zu übernehmen. Sie werden harte Prüfungen zu bestehen haben. Und ich wünsche ihnen aus tiefstem Herzen, dieses normale und menschenwürdige Leben zu leben. Als Israeli und als Jude denke ich, dass die Idee des Friedens uns wirklich, und vielleicht zum ersten Mal in unserer Geschichte, erlauben wird, nicht nur von einer Katastrophe zur nächsten zu überleben, sondern im vollen Sinne zu leben.

In Ihrem gesamten Werk ist die Frage der Existenz zentral, jenseits von Leben und Tod. Die Frage ist nicht so sehr, ob ich lebe oder tot bin, sondern ob ich existiere. Dienen Ihre minutiösen Beschreibungen, sei es von der Natur oder von Gegenständen, vielleicht der Feststellung, dass man tatsächlich existiert?

Genau das beschäftigt mich im Innersten. Schreiben ist für mich tatsächlich eine Möglichkeit, diese Nuance der Existenz zu berühren. Die Literatur vermag unsere Welt präziser zu machen, an immer mehr Nuancen der Existenz zu rühren. Worte können die Essenz der Dinge nicht wirklich berühren. Tatsächlich kann nichts die Essenz der Dinge berühren. Ein Satz von Lacan, den ich sehr liebe, besagt, dass das Reale das ist, was sich jeder Kategorisierung entzieht und was am selben Platz immer wiederkehrt. Da wir das Reale nicht wirklich fassen können, gibt es dieses menschliche Bestreben, sich ihm auf vielerlei Wegen zu nähern, Wissenschaft, Religion, Kunst … Und in der Literatur haben wir die Möglichkeit, sehr nahe an das heranzukommen, was man mit Worten nicht ausdrücken kann.

Das wird sehr deutlich in Ihrem Buch Aus der Zeit fallen.

Genau. Denn nachdem wir die Erfahrung des Todes oder des Verlusts eines Angehörigen gemacht haben, spüren wir, dass dieses Reale plötzlich verschwindet, sich auflöst, und wir haben das Bedürfnis, uns an irgendetwas festzuhalten. Als ich dieses Buch schrieb, wollte ich so weit wie möglich vordringen an den Ort, an dem wir als Lebende noch etwas von dem Menschen berühren oder verstehen können, den wir verloren haben. Dabei habe ich etwas sehr Wichtiges gelernt: Wir wissen nicht, was nach dem Tod geschieht. Wenn das Leben zu Ende ist, ist es zu Ende. Wenn man gläubig ist, kann man immer einen Trost finden, aber ich bin es nicht. In gewisser Weise liebe ich den Gedanken, dass es keine »zweite Chance« auf das Leben gibt. Ich muss alles hier tun und auf die bestmögliche Weise. Deshalb ist das Leben in meinen Augen etwas Heiliges. Es gibt nichts Heiligeres. Das Leben ist heilig, weil es kurz und einmalig ist. Aber nach meiner Erfahrung gibt es etwas, das mich zugleich am Leben und an seinem Verlust teilhaben lässt: Das ist die Kunst. Wenn es wahre Kunst ist, dann muss sie uns erlauben, gleichzeitig die Fülle des Lebens und das Nichtsein wirklich zu erfahren. In allen guten Büchern, allen Kunstwerken oder Musikstücken, die ich kenne, geht es um diese Nuance, diesen schmalen Grat zwischen der Fülle des Ganzen, der Leidenschaft, der Erregung, der Lebensfreude einerseits und der vollkommen vernichtenden Kälte und dem Schrecken des Nichtseins andererseits. Aber man muss beide aushalten. Man muss sich die ganze Zeit in der Spannung zwischen diesen beiden Polen halten.

In Eine Frau flieht vor einer Nachricht *versucht Ora, an einen Punkt jenseits des Lebens zu rühren?*

Ora fordert das Schicksal selbst heraus. Wenn die Gefahr des Todes über einem geliebten Wesen schwebt, haben wir das Gefühl, alles, was wir an Liebe, Aufmerksamkeit, Anstrengung, Enttäuschungen aufgebracht haben, alles, was wir beispielsweise als Eltern unserem Kind mitgegeben haben, beginnt zu verschwinden. Wir begreifen, wie winzig wir angesichts der Willkür des Todes sind. Aus einer Intuition heraus erzählt Ora ihrem Freund Avram die Lebensgeschichte ihres Sohnes von den ersten Anfängen an. Sie macht das, weil sie spürt, dass es das Einzige ist, was sie im Moment tun kann, um ihren Sohn zu beschützen: ihm Wärme einzuflößen, Liebe, Aufmerksamkeit und Kraft gegen die Willkür des Todes. Wird sie in der Lage sein, ihn zu retten? Niemand weiß es, denn das Buch lässt es am Ende offen.

Ora liegt in einem Felskrater und denkt – das ist der letzte Satz des Romans –, »wie dünn ist die Kruste der Erde«. Das scheint auf jene Nuance zwischen dem Leben und dem Nichtsein des Todes hinzuweisen, die Sie eben beschrieben haben.

Es ist, als spüre sie die Macht des Magmas, die vulkanischen Kräfte in unmittelbarer Nähe, wie unter einer dünnen Haut. Wenn wir uns in einer existentiellen Anspannung befinden, in Extremsituationen des Lebens oder des Todes, spüren wir alle Kräfte, die auf uns wirken, sehr intensiv – die der Welt, der Existenz, des Todes. Jeder, der eine solche Erfahrung gemacht hat, wird Ihnen das bestätigen. Wir merken, wie wenig Kontrolle wir über die Dinge haben, wie begrenzt unsere Möglichkeiten sind, im Chaos einen Platz wiederzufinden. Deshalb läuft Ora und erzählt Avram die Geschichte des Sohnes, um eine solide Basis zu schaffen. Deshalb laufen auch die Figuren in *Aus der Zeit fallen* immer weiter. Wissen Sie, wenn Sie einen geliebten Menschen verlieren, ist die erste Reaktion Schweigen. Sie wollen nicht reden, Sie wollen weinen, schreien, brüllen, etwas rein Körperliches tun. Ich sagte mir, ich würde ans Ende der Welt gehen oder laufen, bis zum Zusammenbrechen, um dann aufzustehen und weiterzulaufen, bis ich erneut zusammenbreche. Nichts Verbales. Worte reichen einfach nicht aus.

Ich erinnere mich, als wir unsern Sohn Uri verloren haben, bekamen wir zahlreiche Beileidsbriefe aus Israel und anderen Ländern, darunter viele von Schriftstellern. Manche kannte ich persönlich, andere nur durch ihre Bücher. Mit vielleicht ein oder zwei Ausnahmen schrieben mir fast alle: *Uns fehlen die Worte; es gibt keine Worte, um zu beschreiben, was wir empfinden.* Und das hat mir zu denken gegeben. Das sind doch die Meister des Wortes, die heutigen Sprachgenies, über die Grenzen hinaus bekannt. Wie kommt es, dass sie etwas nicht ausdrücken können?

Tatsächlich fehlen uns in Augenblicken großer Freude oder großen Schmerzes immer die Worte. Ich spürte die Notwendigkeit zu schreiben, Worte dafür zu finden. Mein ganzes Leben lang bestand meine Reaktion auf Extremsituationen darin, zu schreiben. Mich hinzusetzen und zu schreiben, manchmal gegen meinen Willen. Gelegentlich machte es mir Angst, denn ich wusste, meine Beziehungen würden darunter leiden, zu meinen Eltern, meiner Frau, meinen Kindern, doch ich setzte mich hin und schrieb.

Aber diesmal war es wirklich außerordentlich schwer. Ich fühlte mich wie ein Verbannter auf dieser Insel der Trauer. Tatsächlich ist sie zugleich eine Insel und ein Exil. Weit entfernt von allem, was man zuvor erlebt hat. Nichts ist nach einer solchen Erfahrung mehr selbstverständlich. Ich sagte zu Michal, ich würde, weil ich zu diesem Exil auf der Insel der Trauer verdammt war, weil man unsere ganze Familie auf diese Insel vertrieben hatte, sie auf meine Weise kartographieren, indem ich die Gefühle und die Nuancen der Empfindungen beschrieb.

Auf diese Weise habe ich plötzlich gemerkt, dass Trauer kein statischer Zustand ist. Man muss eigene Worte finden, um die Situation zu beschreiben, und von diesem Moment an war ich nicht mehr erstarrt oder versteinert. Ich erinnere mich noch an mein Erstaunen, dass ich wieder eine Möglichkeit der Freiheit hatte nach allem, was geschehen war.

Ora, das sind Sie letztlich selbst?

Natürlich. Ich kann über keine Figur schreiben, die ich nicht bin und die nicht zu mir wird. In der Regel ziehen es die meisten von uns vor, entweder Mann zu sein oder Frau, Kind oder Erwachsener, normal oder verrückt, Israeli oder Palästinenser. Als Schriftsteller haben Sie die Möglichkeit, sich sehr frei auf dieser Grenze zu bewegen, und Sie merken, aus wie vielen Optionen wir bestehen. Ja, ich kann auch eine Frau sein, das Kind, das ich einst war, und der sehr alte Mensch, der ich in fünfundzwanzig Jahren hoffentlich sein werde. Ich kann normal und verrückt sein, ich kann Palästinenser und Israeli sein, ich kann Siedler und Linker sein. Und ich möchte sogar das alles sein. Es ist eine Form, in der Wirklichkeit zu sein. Ich will nichts vollständig verleugnen, ich will niemand den Rücken kehren. Ich komme an meine Grenzen, wenn es sich etwa um Daesch handelt. Zu diesen Menschen habe ich keinen Zugang. Ich bin sicher, sie haben ihre Logik und ihre Überzeugungen, aber da sie nur Tod säen, interessiert mich das nicht. Kräfte, die den Tod säen, interessieren mich nicht. Alle anderen menschlichen Optionen hingegen, die so groß und reich sind, will ich aus meinem Wesen nicht verbannen. Warum sollten wir uns für die kurze Dauer unseres Lebens auf dieses oder jenes beschränken?

Es ist also eine große Freiheit, nicht auf sich selbst, auf eine einzige Identität beschränkt zu sein?

Individuen, aber auch Gesellschaften, Kollektive, haben die Tendenz, dass sie bestimmte Mythen verinnerlichen, Geschichten, die sie sich erzählen, bestimmte Begriffe wie *Opfer* bei uns oder *Heimat* bei den Deutschen. Sie glorifizieren diese Begriffe und erziehen ihre Kinder nach solchen Ideen. Dann aber stellt man fest, dass diese Begriffe zum Gefängnis für die jeweiligen Völker werden, dass wir beispielsweise zur Opferrolle verdammt sind und die Deutschen dazu, *Heimat* zu idealisieren. Oder nehmen Sie jene Muslime, die in einem Ehrbegriff gefangen sind, der sie dazu bringt, schändliche Dinge zu tun. Für die Vitalität der Menschen und einer Gesellschaft ist es essentiell, ihre »Leitbilder« immer wieder zu überprüfen und neue zu finden, sie pausenlos zu aktualisieren. Natürlich gibt es die Kraft der Tradition, aber sie muss auch mit kritischem Blick verfolgt werden. Man darf davor keine Angst haben. Früher passten diese Ideale zu uns, sie waren eine Zeit lang nützlich, aber heute brauchen wir andere Ideen und andere Begriffe.

Aus dem Französischen von Tatjana Michaelis

DIE AUFGABE DER LITERATUR
IM POSTFAKTISCHEN ZEITALTER

Vortrag anlässlich der Münchner
Sicherheitskonferenz am 16.2.2017

Während der Arbeit an diesem Vortrag zum Kassandra-
Mythos für die Münchner Sicherheitskonferenz 2017 habe
ich mich wieder in Aischylos' Drama *Agamemnon* vertieft
und die dramatischen Worte der Seherin Kassandra studiert,
deren Prophezeiungen einem Fluch Apollos zufolge niemand
Glauben schenkte. Ich las von der Einsamkeit und dem Leid
der Seherin, als mir ein Satz von Klytämnestra entgegen-
sprang, der satanisch manipulativen Gattin des Agamemnon. Sie hat gerade ihren Mann und seine Geliebte Kassandra kaltblütig erdolcht, öffnet die Palasttüren und erklärt denen, die dort auf sie warten: »Vieles habe ich gesagt, wie es
der Augenblick gebot. Jetzt aber behaupte ich ohne Scham
das Gegenteil.«

Augenblick mal, dachte ich, das kommt dir bekannt vor!
Großer Gott! Donald Trump sollte dem Aischylos Tantiemen
zahlen, Klytämnestra hat ihm die Devise für seinen Wahlkampf geliefert.

»Welche Aufgabe hat die Literatur in der postfaktischen Welt?« – so lautet eine der Fragen, über die ich hier zu sprechen gebeten worden bin. Und wirklich, es scheint, dass die Wahl von Herrn Trump die Weltsicht, die keine eindeutige Wahrheit anerkennt, auf die Spitze getrieben, wenn nicht sogar an die Macht gebracht hat. Es gibt Fakten, und es gibt alternative Fakten (so Trump-Beraterin Kellyanne Conway, die damit George Orwell zitierte).

Es gibt das Image, und es gibt das Eigentliche, und zwischen beiden besteht keinerlei Zusammenhang. Es gibt den ehrlichen Journalismus, das ist der, der »unseren Mann« unterstützt, und es gibt die »fake news« der Journalisten, die ihn kritisieren. Ankündigungen und Versprechen darf man neuerdings bestreiten und verneinen, selbst wenn sie aufgezeichnet worden sind.

Dazu fällt mir ein anderer Seher ein: Der biblische Zornprophet Jesaja schleuderte der Korruption und Machtgier seiner Umgebung entgegen: »Weh, die da heißen Böses gut und Gutes bös, aus Dunkel machen Licht und Licht zu Dunkel, aus bitter machen süß und süß zu bitter.« (Jesaja 5,20)

Donald Trump begreift »die Wahrheit« nicht als eine Reihe von Fakten, sondern eher als Bündel von Gefühlen, Wünschen, Ängsten, Vorurteilen und Trieben. Die »Realität« ist das, was ich jetzt gerade denke oder will. Aber wer weiß, ob ich nicht im nächsten Moment schon einer anderen Variante der Realität den Vorzug gebe? Wenn ein Programmierer von Videospielen so etwas äußert, dann entspringt das seiner Berufswelt, und wir können es akzeptieren oder nicht. Doch wenn ein solcher Satz die Denk- und Vorgehensweise des amerikanischen Präsidenten, des mächtigsten und einflussreichsten Mannes der Welt, charakterisiert, dann hat die Welt ein Problem – nicht nur ein konzeptionelles, sondern ein existentielles.

Ein existentielles, weil etwas in ihr sich verändert. Wir beobachten nicht nur einen weiteren Regierungswechsel in den Vereinigten Staaten, wir beobachten, dass die unerlässliche Balance zwischen der Vernunft und den Trieben erschüttert wird. Zwischen einer demokratischen Weltsicht und persönlichen Begierden. Zwischen dem Gesetz und irrationalen Impulsen. Das ist der eigentliche Regierungswechsel, den wir erleben.

Seit der Wahl von Donald Trump fühlen sich immer mehr Menschen an den verschiedensten Orten – und ich bin sicher, hier nicht nur für mich zu sprechen – in dieser neuen Welt fremd und bedroht. Es ist etwas an dem Mann Donald Trump, das Kräfte freisetzt, die das demokratische System seit Hunderten von Jahren durch Gesetzgebung, Erziehung und die Verinnerlichung von Werten wie Gleichheit, Freiheit und Pluralismus zu verfeinern, auszugleichen und einzudämmen versucht hat.

Weil Donald Trump nun einmal der mächtigste Mann der Erde ist, adoptieren andere seine Formulierungen. Damit legitimiert er in etlichen Ländern den Fremdenhass, den Hass auf Minderheiten, den Hass an sich als Grundlage der Politik und noch mehr: die Demütigung der Frau, die Missachtung anderer Religionen, die Ausgrenzung aller, die nicht »zu uns« und »zu unserem Team« gehören.

In diesem Sinn kann jeder, der nicht zu den Bewunderern des Herrn Trump zählt, die fatale Erfahrung der Kassandra machen: Plötzlich verstehen wir, was es bedeutet, wenn die

Welt um einen herum verrücktspielt; wenn die Realität in Fluss gerät, wenn sie ungewiss und ohne greifbare Wahrheiten scheint, wenn sie immer mehr einer traumhaften oder, in diesem Fall, einer albtraumhaften Wirklichkeit gleicht. Wie leicht stellt sich in einer solchen Situation der Verdacht ein, man selber sei der Verrückte.

Tatsächlich aber müssen Menschen sich in ihrem Land und in der Welt zu Hause fühlen. Sie brauchen das Gefühl der Verlässlichkeit und der Zugehörigkeit. Sie brauchen das Gefühl, die sie umgebende Wirklichkeit entschlüsseln und ihre Zukunft im Hier und Jetzt, wenn natürlich auch nur in einem begrenzten Rahmen, planen und gestalten zu können.

Was vermag die Literatur in einer solchen Welt zu leisten? Sehr wenig und sehr viel.

Wenig, weil Machthaber wie Trump und seinesgleichen, Wladimir Putin in Russland, Recep Tayyip Erdoğan in der Türkei und der israelische Ministerpräsident Benjamin Netanjahu beispielsweise, fähig sind, mit einem Befehl (wie dem Einreiseverbot für Bürger aus sieben muslimischen Staaten in die USA) oder sogar mit einem einzigen provokativ-zynisch-manipulativen Tweet die Realität von Millionen von Menschen auf den Kopf zu stellen und die Welt noch chaotischer und unberechenbarer zu machen.

Doch auch in einer solchen Welt, und vielleicht gerade in einer solchen, vermag die Literatur sehr wohl etwas auszurichten. Damit meine ich kein einzelnes Buch, ich meine den Geist, aus dem Literatur hervorgeht. Literatur kann, wenn sie wirklich gut ist, ihren Lesern den Weg zu inneren Orten weisen, kann an das Substrat unseres Verständnisses, unserer Intuition und unserer Erfahrungen rühren.

In einer Welt der Images, in der die Verbindung zum Wesentlichen, zum unveränderlichen Eigentlichen, zur verlässlichen Gewissheit fast ganz verloren gegangen ist, bringt eine gute Geschichte uns wieder mit einer nicht zu erschütternden Wahrheit in Berührung, mit einem fast physischen Wissen um das, was gut und was böse ist, was rein und klar, was korrupt und trübe, was hell und was dunkel ist.

In einer guten Geschichte erfahren wir etwas über primäre zwischenmenschliche Beziehungen, über universelle, ewig gültige ethische Entscheidungen, über authentische, nicht manipulierte Emotionen. Große Literatur schenkt uns Einsichten und Empfindungen, die als Axiome der menschlichen Natur in all ihren wunderbaren und widerwärtigen Spielarten gelten dürfen.

Natürlich kann der Journalismus rascher auf die Wirklichkeit reagieren, aber von großer Literatur ist, nicht weniger als von großen Historikern, zu erfahren, wie die feinen psychologischen, sozialen, persönlichen und nationalen Prozesse ablaufen – Prozesse, die beispielsweise den Mechanismus diktatorischer Regimes und den Charakter brutaler und manchmal auch verrückter Despoten geformt und hervorgebracht haben. Lesen wir den Roman *Die Blendung* von Elias Canetti, erkennen wir den Prozess, mit dem die Kräfte der brutalen und ignoranten Masse durchbrechen und die rationale Welt bedrohen, eine Welt, die – und das sollten wir nicht vergessen – die Menschen, von denen sie nun beherrscht wird, vorher ausgegrenzt und verachtet hat.

Lesen wir Thomas Manns 1929 geschriebene Erzählung *Mario und der Zauberer*, sind wir dem »Rohstoff« des Faschismus auf der Spur und verstehen den Verlauf seines

Siegeszuges in Italien und in anderen europäischen Ländern. Tief in unserem Innern empfinden wir seine ungeheure Verführungskraft und vermögen nachzuvollziehen, wie Leute dazu gebracht werden, auf ihren freien Willen und ihr logisches Denken zu verzichten. Lesen wir *Das Urteil* und *Das Schloss* von Franz Kafka, ist uns, als träfe die lähmende Wirkung einer Diktatur, ihre Gesichtslosigkeit und die Grausamkeit, mit der sie ihre Opfer zur Anonymität verurteilt, uns am eigenen Leib und in der eigenen Seele. Lesen wir ein Gedicht von Wole Soyinka, erkennen wir die geistige Beschränktheit des Rassismus, gleichzeitig aber auch die Größe einer freien Seele, die sich über diese niedrige Regung hinwegsetzt.

Ich könnte jetzt noch etliche Schriftsteller, Dramen und Gedichte aufzählen, und fast bei jedem Namen würde eine sanfte Welle des Wiedererkennens und des Wiedererlebens Ihr Herz durchfluten. Jedes genannte Werk riefe Ihnen in Erinnerung, was Sie beim Lesen empfunden haben: eine tiefe seelische Betroffenheit, eine intuitive Ahnung, ein gefühlsmäßiges Verstehen, das mit Worten nur schwer zu beschreiben ist, doch wenn es sich einstellt, dann meinen wir für einen Augenblick, eine ursprüngliche Wahrheit erkannt zu haben, eine Art »Atom« der Wahrheit, das sich weiter nicht teilen lässt. Für einen Augenblick scheinen wir als Einzelne, aber auch als winziger Teil der ganzen Menschheit, an die Wurzel unseres Daseins gerührt zu haben.

Dank einer Erzählung oder einer literarischen Figur dürfen wir das Wunder, das ganze Glück und das ganze Grauen, die Einsamkeit, die Zugehörigkeit und das Erbarmen erfahren, die dem menschlichen Dasein innewohnen, dürfen wir jene

Phänomene spüren, die unberechenbare despotische Regimes auf jede mögliche Art und Weise zu verwischen trachten, wenn sie aus Menschen eine Masse – und manchmal sogar einen Mob – machen.

Das bringt mich zu einer weiteren Dimension der Literatur, von der ich mir wünsche, politische Führer möchten sie sich aneignen: zur *Perspektive*. Literatur setzt stets beim Blickwinkel eines Einzelnen an und spricht zum Einzelnen.

Stalin soll mit dem ihm eigenen Feingefühl einmal gesagt haben: »Ein Tod ist eine Tragödie, Millionen Tode sind Statistik.« Dieser Satz mag brutal klingen wie kein zweiter, doch wer wollte angesichts des Zustands unserer Welt behaupten, er sei völlig unzutreffend?

Wie wird eine Tragödie zur Statistik? Das ist in diesem Rahmen schwer zu beantworten. Denken wir aber nur einmal an die Reaktionen vieler europäischer Staaten auf die anrollende Flüchtlingswelle. Denken wir daran, wie schnell die Flüchtlingstragödie zur Statistik geworden ist und welch einen außergewöhnlichen, beeindruckenden Weg Bundeskanzlerin Angela Merkel beschritten hat. Wie menschlich und großherzig war ihre Handlungsweise, für die sie einen schweren politischen Preis entrichtet! Ich als Angehöriger eines Volkes von Flüchtlingen, Sohn eines Vaters und Enkel einer Großmutter, die aus Europa fliehen mussten, ich spreche Angela Merkel meine Hochachtung aus!

Es ist die Literatur, die uns eine der wichtigsten Anleitungen dafür gibt, wie wir die Tragödie unserer Existenz als Einzelne vor Stalins verächtlicher Statistik retten können: Der im Literaturleser ausgelöste unbedingte Wunsch, das Innenleben der einzelnen Protagonisten zu verstehen, ihr persönliches Lexikon, ihre Werte, ihre Verrücktheiten, ihre Ängste und die Augenblicke ihrer Größe zu ergründen – dieser Wunsch erweckt das politische Bewusstsein, ohne das eine Wendung zum Guten sich nicht einleiten lässt.

Eine Tragödie, die zur Statistik wird, ein massenhaftes Sterben kann es nur in einer Welt geben, in der ein Einzelwesen einen beträchtlichen Teil seines Lebens dem Maßstab der Masse unterworfen hat. Nur die Wirklichkeit eines Massenlebens ermöglicht eine solche Gleichgültigkeit angesichts des Massensterbens. Die wichtigste Frage, die jeder heute lebende Mensch sich zu stellen hat, lautet vielleicht: Unter welchen Umständen und in welchem Augenblick werde ich zum Teil der Masse?

Eine tentative Antwort wäre: Ich werde zu einem Teil der Masse, wenn ich aufhöre, mein Dasein und meine Entscheidungen für mich selbst auszuformulieren, und zwar in meinen eigenen Worten, in frischen, für mich noch unverbrauchten Ausdrücken, vor denen ich nicht fliehen und die ich nicht ignorieren kann. Die wie ein Urteil sind, das ich über mich selbst fälle.

Haben wir damit nicht schon eine einigermaßen akzeptable Definition für das, was gute Literatur für uns zu tun vermag? Selbst wenn zehntausend Personen ein bestimmtes Buch zur gleichen Zeit lesen, ergreift es jeden auf andere Art und hilft einem jeden, sein Wesen auf individuelle Weise auszubuchstabieren. Verschiedene Partikel unseres inneren und äußeren Lebens, unserer Erinnerungen und unserer Identität streben dem starken Magneten Buch entgegen. In diesen Momenten spürt ein jeder von uns seine einzigartige Individualität, aber auch seine Zugehörigkeit zur ganzen

Menschheit. Eines ist er in einem solchen Augenblick ganz sicher nicht: ein Teil der Masse.

*

Als Schriftsteller, der die permanente Krise im Nahen Osten und ihren Einfluss auf die Menschen, die in ihr leben müssen, seit vielen Jahren zu beschreiben versucht – mehr noch: als einer, der in den Konflikt zwischen Israelis und Palästinensern hineingeboren ist –, habe ich das Bedürfnis, hier auch etwas zu diesem Thema zu sagen.

Die Israelis und die Palästinenser bekämpfen sich nun schon seit mehr als hundert Jahren. Man muss nicht Kassandra sein, um zu sehen und vorherzusagen, welche Zerstörung dieser Konflikt über beide Seiten gebracht hat und noch bringen wird. Die ununterbrochene blutige Auseinandersetzung hat die Beteiligten dermaßen deformiert, dass sie ihren eigenen existentiellen Interessen zuwiderhandeln. Ein von Hass, Angst und Misstrauen geprägtes Leben beengt die Seele und das Denken – und lässt die Fähigkeit verkümmern, sich aus der Falle zu retten. Wir dort unten führen kein Leben im echten Wortsinn, es ist vielmehr ein verzweifeltes Überleben von einer Katastrophe zur nächsten, von einem Krieg zum anderen. Der Verlust der Hoffnung hat bei israelischen und palästinensischen Bürgern gleichermaßen zu Apathie und Lähmung geführt. Beide Bevölkerungen sind zu Rohstoff in den Händen fanatischer religiöser und nationalistischer Manipulatoren geworden, die extreme totalitäre Absichten hegen.

In den besetzten Gebieten entsteht derzeit eine Realität,

die keine Basis für friedliche Beziehungen bietet und die sich nur unter immensen Schwierigkeiten wieder rückgängig machen lässt. Diese Jahre sind vielleicht die letzten, in denen es noch möglich erscheint, ein Abkommen auszuhandeln, das beiden Seiten Sicherheit, Souveränität und Frieden beschert. Die Lage wird von Tag zu Tag explosiver. In der zurzeit vor Ort herrschenden Wirklichkeit werden die Palästinenser niemals eine volle Unabhängigkeit erlangen, und der Staat Israel ist dabei, eigenhändig das Wunder zu zerstören, dem es sein Entstehen als Heimstatt des jüdischen Volkes und als Demokratie verdankt.

Wir brauchen Ihre Hilfe. Wir, die Israelis und die Palästinenser, die in Frieden leben wollen, die gegen Besatzung und Terror sind, die Gewalt jeder Art verabscheuen und die noch an die einzige logische Lösung, die Zweistaatenlösung, glauben, wir appellieren an alle rationalen und dialogbereiten Kräfte in den arabischen Staaten und in den Ländern der ganzen Welt: Wenn Ihnen Frieden und Sicherheit wichtig sind, dann unternehmen Sie etwas, um Israel und die Palästinenser aus dem Kreislauf der Selbstzerstörung zu erretten.

Natürlich warten wir alle auf die politischen Schritte Donald Trumps. Möglicherweise wird er uns überraschen. Sein Treffen mit Netanjahu in der vergangenen Woche ließ allerdings erkennen, wie unglaublich wenig er von der Komplexität und Tiefe dieses Konflikts versteht.

Sollte Herr Trump nicht auf einen echten und für beide Seiten schmerzhaften Kompromiss hinarbeiten, dann ist Europa an der Reihe einzugreifen. Nicht mit einem Boykott Israels, der den Standpunkt des Staates nur erhärten und noch mehr gemäßigte Israelis der extremen Rechten zutreiben würde. Nein. Die Lösung muss durch einen direkten Dialog der beiden Seiten, durch internationalen Beistand und, was nicht weniger wichtig ist, mit *Unterstützung der arabischen Staaten* erreicht werden.

Ich bitte Sie, alles zu tun, was in Ihren Kräften steht, um die beiden Seiten zusammenzubringen und den Dialog zu erneuern, dem beide schon seit Jahren mit der seltsamen Logik der Selbstzerstörung aus dem Weg gehen. Es stehen zahlreiche Hebel zur Verfügung, die Sie beiden Seiten gegenüber ansetzen können. Sehen Sie nicht tatenlos zu, wie diese beiden Völker in den Selbstmord driften. Werden Sie aktiv und kreativ. Zeigen Sie Empathie angesichts der Ängste beider und angesichts des Leids, das über beide gekommen ist. Identifizieren Sie sich mit beiden, aber lassen Sie sich von beider Verzweiflung nicht lähmen. Helfen Sie ihnen, sich vor sich selbst zu retten.

Letzten Endes liegt die Beendigung des israelisch-arabischen Konflikts im Interesse aller rationalen, nicht-fanatischen Kräfte der Welt. Die gemäßigten Staaten des Nahen Ostens haben sogar ein existentielles Interesse an seiner Beilegung, denn sie wissen sehr wohl, dass dieser Konflikt ihre Stabilität bedroht und untergräbt. Die großen Linien, wie der Streit enden kann, sind bereits seit Längerem bekannt. Sie berücksichtigen die Zugeständnisse, die jede Seite maximal zu machen in der Lage ist. Da die Lösung also quasi bereitliegt, bleibt nur eine Frage: Wie viel Blut muss noch vergossen werden, bis wir einsehen, dass der Frieden unsere einzige Option ist?

Aus dem Hebräischen von Helene Seidler

DIE MENSCHLICHE UNENDLICHKEIT.
LITERATUR UND FRIEDEN.

Rede anlässlich der Verleihung der Ehrendoktorwürde
der Hebräischen Universität am 11.6.2017

Liebe Freunde, Schriftsteller reden nicht selten von den Nö-
ten des Schreibens. Von der »Angst vor dem leeren Blatt«,
von Nächten, in denen sie schweißgebadet aufwachen, weil
sie in der Geschichte, an der sie manchmal über Jahre schreiben, plötzlich Schwachpunkte entdecken.

Ich kenne diese Art der Bedrängnis, doch nicht minder
kenne ich auch die Wonnen des Schreibens: aus Tausenden
von Details und Tatsachen die Welt einer kompletten Geschichte zu erschaffen. Eine besondere Art der Erregung ergreift mich, wenn eine Figur, die ich zunächst erfunden habe,
mir zuvorkommt, vorausrennt und mich mit sich reißt: Auf
einmal weiß sie, die Erfundene, die Ausgedachte, mehr über
ihr Schicksal, ihre Zukunft und über die anderen Figuren in
der Geschichte als ich. Sie durchströmt mich – wie, das ist
mir nicht klar – mit Stoffen des Lebens, mit Wechselfällen
der Handlung, Einsichten und Gedanken, von denen ich nicht
wusste, dass ich sie in mir trug.

Für mich ist das literarische Schaffen eine Möglichkeit, an die Unendlichkeit zu rühren. Nicht an die metaphysische und auch nicht an die philosophische, sondern an die menschliche Unendlichkeit. Ich meine, an die unendlich vielen Gesichter des Menschen. Die unendliche Fülle der Fasern seines Herzens, die Fülle seiner Gedanken und Ideen, seiner Triebe und Illusionen, seiner Kleinlichkeit und Größe, seiner kreativen Kräfte und seiner Macht zu zerstören, und die unendlichen Kombinationsmöglichkeiten all dessen. Fast jede Idee zu einer Figur, über die ich schreibe, eröffnet viele weitere Möglichkeiten für sie: einen ganzen Garten der Pfade, die sich verzweigen.

»Es reicht schon zu leben, um vollkommen zu sein«, schrieb der Dichter und Schriftsteller Fernando Pessoa, und dieser wundervolle Satz streut Salz in die Wunden jedes Schriftstellers, der weiß, wie schwer es ist, einer in der Vorstellung gezeugten Figur zumindest ein winziges Teilchen dieser Pessoa'schen Vollkommenheit einzuhauchen, dieser Fülle des Lebens, die in einer Sekunde eines lebendigen, existierenden Menschens steckt.

Nach dieser Vollkommenheit, zu der natürlich auch unzählige charakterliche Schwächen und körperliche Gebrechen gehören, strebt der Schriftsteller. Sein Sinnen und Trachten, sein ganzes Drängen hat nur eine Richtung: zu diesem alchemistischen Vorgang zu gelangen, bei dem aus unbelebter Materie – aus Zeichen, die auf einem Blatt in bestimmter Weise angeordnet sind – plötzlich Leben entsteht.

Wer schreibt, wer bereits über mehrere Figuren geschrieben hat, in ihnen aufgegangen ist und dann wieder zu sich selbst zurückgefunden und erlebt hat, dass sein Selbst nun auch aus ihnen besteht, wer weiß, dass er, wenn er sie nicht geschrieben hätte, sich selbst nicht wirklich kennen würde – der kennt auch die Wonne, die in jedem von uns brodelnde Lebensfülle zu erleben.

Es ist beinahe banal, darüber zu staunen, aber gestatten Sie mir heute dieses Staunen: Wir alle, jeder und jede von uns, sind so voller Leben. Wir haben unendlich viele Möglichkeiten und Wege, in unserem Leben präsent zu sein, es zu leben.

Und das ist vielleicht gar nicht banal, vielleicht sollten wir uns gerade dies wieder ins Bewusstsein rufen. Sehen Sie doch, wie sehr wir uns davor hüten, diese ganze Fülle, die wir sind, mit allem, was uns unsere Seele, unser Leib und die Umstände unseres Lebens anbieten, zu leben. Bereits in frühen Phasen unseres Lebens erstarren wir und beschränken uns darauf, »einer« zu sein, eindeutig, durch klare Definitionen festgelegt. Vielleicht verlieren wir, um nicht mit der verwirrenden, manchmal täuschenden Fülle konfrontiert zu werden, ganz bewusst uns selbst?

Manchmal verwelkt in uns unser nicht gelebtes Leben, ein Leben, das wir hätten leben können, was uns aber nicht gelang oder was wir nicht gewagt haben, und es vergeht; und manchmal spüren wir es noch, sehen es gleichsam am anderen Ufer, und es sticht uns mit Pfeilen des Bedauerns über das Verpasste, mit Kränkung und sogar Trauer. Denn dort wurde jemand oder etwas getötet.

Es ist vielleicht der Verzicht auf eine große, stürmische Liebe aus seelischer Bequemlichkeit. Oder die Wahl eines unpassenden Berufes, in dem man sein Leben lang verkümmert, oder das Leben in einem Körper, der nicht dem eigenen

Gender entspricht. Es können vielerlei Entscheidungen sein, die für uns nicht stimmen, sie resultieren aus äußerem Druck und Erwartungen, aus unseren eigenen Ängsten, dem Wunsch zu gefallen oder der Kapitulation vor dem Zeitgeist.

Schreiben ist die Bewegung der Seele *gegen* diesen Verzicht, gegen die Haltung, sich der Fülle in uns zu verweigern. Damit unterwandert der Schreibende zuallererst sich selbst. Der Schriftsteller unterzieht sein verkrampftes, übervorsichtiges, verschlossenes Bewusstsein ein ums andere Mal einer beharrlichen Massage.

Für mich ist das Schreiben die geschmeidige, schwerelose, freie Bewegung auf einer imaginären Achse, auf der ich mich zwischen dem Kind, das ich war, und dem alten Mann, der ich einmal sein werde, bewegen kann, zwischen dem Mann, der ich bin, und der Frau, die ich bin, zwischen meinem zurechnungsfähigen und meinem verrückten Ich. Zwischen dem Juden-im-Vernichtungslager, der ich bin, und dem Aufseher desselben Lagers, der ich auch bin. Zwischen dem Israeli, der ich bin, und dem Palästinenser, der ich sein könnte, wenn ich fünfhundert Meter östlich von hier zur Welt gekommen wäre.

Dabei denke ich zum Beispiel an die Schwierigkeiten, über Ora zu schreiben, die Hauptfigur in dem Buch *Eine Frau flieht vor einer Nachricht*. Zwei Jahre lang habe ich mit ihr gerungen, und es gelang mir nicht, sie wirklich bis ins Letzte zu erkennen, in dem Sinne, wie Adam Eva »erkannte«. Um sie herum standen Unmengen von Wörtern, doch sie besaßen kein lebendiges Zentrum, in ihr war noch nicht dieses Pulsieren des Lebens zu spüren, ohne das ich an eine Figur, die ich schreibe, nicht glauben kann, ohne das ich sie nicht zum Leben erwecken kann.

Zuletzt, ich hatte keine Wahl, tat ich, was jeder anständige Bürger in meiner Situation getan hätte: Ich setzte mich hin und schrieb ihr einen Brief. Ja, einen Brief, so wie früher, mit Stift und Papier, und ich habe sie gefragt, was ist denn los, Ora? Warum verweigerst du dich mir so, was mache ich bei dir falsch? Warum gibst du dich mir nicht hin?

Und noch bevor ich den Brief fertig hatte, begriff ich – es war nicht Ora, die sich mir hingeben musste. Ich musste mich ihr hingeben, also ganz und gar aufhören, mich der Möglichkeit von Ora in mir zu widersetzen, ich musste in ihre Tiefenstruktur vordringen, die mich in meinem Innern erwartete. In die Möglichkeit einer Frau, genau dieser Frau in mir. Nur so konnte ich den winzigen Teilchen der Seele und auch des Körpers in mir erlauben, frei und ungehindert, ungeschützt und ohne eigene Interessen, zu dem starken Magneten Ora zu schweben, und zu der Weiblichkeit, die von ihr ausgeht.

Von diesem Moment an hat sie sich selbst geschrieben, beinahe von selbst.

Liebe Freunde und Freundinnen, ich kann stundenlang über das Schreiben sprechen, doch bald geht die Sonne unter, die Berge von Moab am Ende des Horizonts hinter mir werden sich rot färben und dann grau werden, ihre Umrisse werden verschwimmen, und danach wird es dunkel.

Doch bevor es dunkel wird, möchte ich über die Wirklichkeit unseres Lebens hier sprechen, über das, was wir Israelis *ha-matzaw* – »die Lage« nennen, ein Wort, das auf Hebräisch Beständigkeit andeutet, sogar etwas Statisches, obwohl es in Wahrheit doch ein Euphemismus für mehr als hundert Jahre Bluten, Krieg, Terror, Besatzung und Todesangst ist, vor allem aber für Flucht und Verzweiflung.

Vielleicht gibt es keinen passenderen Ort, über »die Lage« zu sprechen, als hier, auf dem Mount Scopus, dem Berg der Aussicht, denn es fällt mir schwer, diese schöne Landschaft zu betrachten und sie von der Wirklichkeit zu trennen, von der Tatsache, dass wir hier auf ein Gebiet schauen, das in der Sprache des Konflikts als »Gebiet Maale Adumim E-1« bezeichnet wird. Dies ist genau der Punkt, an dem viele in Israel und in der israelischen Regierung die Annexion der Westbank beginnen wollen. Doch es gibt auch andere – ich zähle zu ihnen –, die denken, dass ein solcher Akt die Chance für eine Lösung des Konflikts für immer begraben und über uns alle das Urteil fällen würde, weiter im Krieg zu leben.

Wenn wir hier stehen, wird »die Lage« noch komplexer, denn sie umfasst nicht nur die Universität mit ihrem ganzen Wissen, ihrer Weisheit, ihrer Menschlichkeit und dem freien menschlichen Geist, die sich hier in beinah hundert Jahren gebildet haben, sondern auch die dreitausend Beduinen, Männer, Frauen und Kinder eines Stammes, der hier seit Generationen lebt. Unter unserer Herrschaft sind sie rechtlos und ohne Staatsbürgerschaft, sie sind dauernden Schikanen ausgesetzt, die nur ein Ziel haben: sie von hier zu vertreiben. Auch sie sind Teil unserer »Lage«. Ein Menetekel an unserer Wand.

Vor fast genau fünfzig Jahren, nach Ende des Sechstagekrieges, stand an dieser Stelle, im Amphitheater auf dem Scopusberg, der Generalstabschef, der diesen Sieg verantwortete, Jitzchak Rabin. Er bekam hier den Ehrendoktor der Philosophie verliehen und hielt eine Rede, die weithin gehört und beachtet wurde.

Rabins Rede (geschrieben vom obersten für den Erziehungsauftrag der Armee zuständigen Offizier Mordechai Bar-On) hatte es – mit Erfolg – darauf angelegt, das Bewusstsein und die kollektive Erinnerung der Israelis jener Zeit zu gestalten und zu prägen. Ich war damals dreizehn Jahre alt und erinnere mich bis heute an die Erregung, die sie bei mir auslöste: Rabin formulierte für uns Israelis das Gefühl, dass uns ein Wunder widerfahren war, und lotete das Ausmaß der Rettung aus, die wir erlebt hatten. Er erhob den Krieg und dessen Ausgang in den Rang einer moralischen Geschichte, die schon fast über die Grenzen der Realität und Logik hinausging.

Damals sagte Rabin in seiner Rede: »Wenn wir zu sagen pflegten: ›Die Guten zur Luftwaffe‹, meinten wir damit nicht nur die technisch und handwerklich Begabten. Wir meinten, dass unsere Piloten, um in der Lage zu sein, die Armeen von vier feindlichen Staaten binnen weniger Stunden zu schlagen, an den Werten des moralisch Guten und des menschlich Guten festhalten müssen. [...] Die Einheiten, die die feindlichen Linien durchbrachen und das Ziel erreichten, [...] waren getragen von moralischen Werten, von geistigen Reservoirs, nicht von Waffen und Kriegstechnik.«

Es ist eine spannende Rede. Sie wirkt ergriffen, aber – obgleich in Tagen der Euphorie gehalten – nicht ekstatisch. Gott etwa kommt kein einziges Mal vor, und der religiöse Glaube wird nicht bemüht. Stellen Sie sich nur einen Moment lang vor, welchen Platz Glaube, Heiligkeit und Gott heute in so einer Rede einnehmen würden. Sogar die Berührung der Steine der Westmauer des Tempels stellt Rabin nicht in einen religiösen Kontext, beschreibt sie vielmehr als »unmittelbare Berührung der Soldaten mit der jüdischen Geschichte«.

Und auch Folgendes hat Rabin gesagt: »Siegesjubel hat das ganze Volk ergriffen. Und dennoch stoßen wir [...] gerade bei den Soldaten auf eine merkwürdige Erscheinung: Sie können sich nicht mit ganzem Herzen freuen. In ihre Feiern mischt sich ein gewisses Maß an Traurigkeit und Unglaube [...]. Mag sein, dass das jüdische Volk nicht so erzogen wurde; es ist nicht darin geübt, die Freude des Eroberers und des Siegers zu empfinden.«

So sprach Jitzchak Rabin, doch im selben Moment begann die junge Besatzung schon zu keimen, sich zu entwickeln und zu verzweigen; schon gab es in ihr erste Zellen dessen, was sich in jeder Besatzung entwickelt: Zellen des Nationalismus und Rassismus, und bei uns kam noch das messianische Feuer hinzu. In uns sprießte tatsächlich die erste »Besatzerfreude«, von der Rabin so sehr hatte glauben wollen, dass sie sich bei uns nicht einstellen würde, doch sie führte letztendlich auf langen und verworrenen Wegen achtundzwanzig Jahre später auch zu seiner Ermordung.

Anscheinend gibt es kein Volk, das vor Siegestrunkenheit gefeit ist. Größere und robustere Völker als wir konnten dieser Versuchung nicht widerstehen. Um wie viel weniger der Staat eines kleinen Volkes, das die meiste Zeit seiner Geschichte schwach und verfolgt gewesen war und keine Waffen und keine Armee besaß, um sich zu schützen. Ein Volk, das Anfang Juni 1967 glaubte, dass es wieder vor der Gefahr stand, ausgelöscht zu werden, und dann binnen sechs Tagen beinahe zu einem Imperium wurde.

Fünfzig Jahre sind vergangen. Israel ist kaum wiederzuerkennen. Auf fast allen Gebieten gibt es enorme Errungenschaften, und das ist keine Selbstverständlichkeit. Diese ganze

Geschichte ist keine Selbstverständlichkeit: Die Rückkehr des jüdischen Volkes aus den Ländern des Exils in seine Heimat und das, was hier geschaffen wurde, das gehört zu den wunderbarsten und heroischsten Geschichten der Menschheit. Ohne die Tragödie leugnen zu wollen, die diese historische Entwicklung über die hier im Lande lebenden Palästinenser gebracht hat, ist doch die Verwandlung des jüdischen Volkes aus einem Volk von Flüchtlingen und Entwurzelten, den Überlebenden einer großen Katastrophe, zu einem starken, blühenden und gedeihenden Staat nahezu unbegreiflich.

Doch um all das Gute und Wertvolle, das wir hier geschaffen haben, zu bewahren, müssen wir unaufhörlich das erwähnen, was unsere Zukunft nicht minder bedroht als die Gefahren von außen: insbesondere jene Deformation, die Israels Essenz in ihrem Wesen so sehr schädigt, dass Israel nicht mehr im vollen Sinne des Wortes eine Demokratie ist; dass Israel eine täuschende Demokratie ist, die schon bald zu einer Scheindemokratie verkümmern kann.

Israel ist eine Demokratie, denn es gibt Redefreiheit, eine freie Presse und das Recht, das Parlament zu wählen und in es gewählt zu werden; es gibt ein Rechtswesen und einen Obersten Gerichtshof. Doch kann ein Staat, der schon fünfzig Jahre lang ein anderes Volk besetzt hält und seiner Freiheit beraubt und der außerdem die Freiheiten jener beschränkt, die gegen diese Besatzung sind, kann so ein Staat wirklich behaupten, eine Demokratie zu sein?

Hundert Jahre Konflikt. Fünfzig Jahre Besatzung. Ich frage mich, was macht das über die bekannte Kontroverse hinaus mit der Seele der Menschen, mit dem Geist eines Volkes bei den Besetzten wie bei den Besatzern? Ich komme wieder auf den Schaffensprozess zurück, über den ich vorher sprach – auf das Gefühl, dass der Mensch, jeder Mensch unendlich ist. Auf die Einsicht, dass unter jeder Geschichte noch die Geschichte eines anderen Menschen liegt. Das ist menschliche Archäologie. Schichten um Schichten von Geschichten, und jede von ihnen ist auf ihre Art wahr.

Doch das Leben in einem fortwährenden Konflikt, dem niemand ernstlich gewillt ist, ein Ende zu machen, ein Leben unter Angst, Sorge und Gewalt, ist von Natur aus ein eingeschränktes Leben, das Seele und Geist begrenzt. Es ist ein Leben in groben, stereotypen Konzepten, das den Mitgliedern des anderen Volkes ihre Menschlichkeit abspricht, und infolgedessen auch jedem anderen, der anders ist.

Dies ist letztlich das Bewusstseinsklima, in dem Fanatismus, Faschismus und die Sehnsucht nach einer Diktatur gedeihen. In diesem Klima werden wir von einzelnen Menschen zur Masse, zu Menschen mit einem in sich abgeschlossenen Weltbild. Unter diesen Bedingungen beginnt eine pluralistische und demokratische Zivilgesellschaft, die ihre Stärke aus dem Gesetz, dem Bewusstsein der Gleichheit und aus den Menschenrechten zieht, zusammenzubrechen.

Können wir sagen, dass sich die israelische Gesellschaft dem Ausmaß dieser Bedrohung wirklich bewusst ist? Ist sie in der Lage, sich ihr zu stellen? Sind wir uns sicher, dass die, die an der Spitze der Regierung stehen, sich dieser Gefahr wirklich und ehrlich stellen *wollen*?

Ich habe meine Rede mit Schreiben und Literatur begonnen und ende mit unserer Lebenswirklichkeit. Doch für mich ist beides miteinander verbunden. Wir wissen natürlich nicht, wer in fünfzig Jahren an diesem Ort stehen wird. Wir können nicht wissen, wie die Wirklichkeit aussieht, in der dieser Festakt dann stattfinden wird, ob er überhaupt noch stattfinden wird – was ich sehr hoffe. Wir können nicht ahnen, welche Probleme und Hoffnungen dann für die Aufmerksamkeit der Welt im Zentrum stehen werden. Auf welche Weise etwa die Technologie die Seele, das Bewusstsein und vielleicht sogar den Körper der Menschen verändern wird, welche sprachlichen Register und Dialekte zu dem Hebräischen hinzukommen, das jene, die dann hier stehen, sprechen werden, und welche Sprachebenen längst verschwunden sein werden. Werden sie in ihrer Rede das Wort »Frieden« mit Freude aussprechen? Oder mit Schmerz und Enttäuschung, mit dem Gefühl, die Chancen verpasst zu haben? Oder vielleicht mit der Leichtigkeit des Selbstverständlichen und schon alltäglich Gewordenen?

Ich weiß nicht, was für ein Israel das sein wird. Ich kann nur aufrichtig hoffen, dass der Mann oder die Frau, die hier stehen werden, mit erhobenem Kopf und voller Überzeugung werden sagen können:

Ich bin ein freier Mensch. Ich gehöre zu einem freien Volk. In meinem Land. In meinem Zuhause. In meiner Seele.

Aus dem Hebräischen von Anne Birkenhauer

TEXTNACHWEISE

Alle Texte wurden in Absprache mit dem Autor für diese Ausgabe durchgesehen.

Allen Gewalten zum Trotz
Rede anlässlich der Verleihung des Geschwister-Scholl-Preises am 24.11.2008 in München.

Gegen die Willkür kämpfen
Rede anlässlich der Verleihung des Friedenspreises des Deutschen Buchhandels am 10. Oktober 2010 in der Frankfurter Paulskirche.

Einen Anker in die Zukunft werfen. Gedanken über die Freiheit
Rede anlässlich des 75. Geburtstages von Bundespräsident Joachim Gauck am 29.1.2015 in Berlin. Gekürzt abgedruckt in: Süddeutsche Zeitung, 30.1.2015.

Diese andere, finstere Welt
Essay. Abgedruckt in: DER SPIEGEL, 9.5.2015.

Tatsachen des Lebens und des Todes
Rede an der Harvard University, The Rita E. Hauser Forum for the Arts, am 6.10.2015.

Eine existentielle Angst. Gespräch mit Christiane Alberti und Gil Caroz
Interview am 15. November 2015 in Paris.
Der vollständige Text wurde abgedruckt in: Lacan Quotidien No 552

(13/12/2015) und No 553 (15/12/2015) sowie in: La Cause du désir,
Revue de l'Ecole de la Cause freudienne, No 92, April 2016.

Die Aufgabe der Literatur im postfaktischen Zeitalter
Vortrag anlässlich der Münchner Sicherheitskonferenz am 16.2.2017.
Gekürzt abgedruckt in: DIE ZEIT, 9.3.2017.

Die menschliche Unendlichkeit. Literatur und Frieden
Rede anlässlich der Verleihung der Ehrendoktorwürde der Hebräischen
Universität am 11.6.2017 in Jerusalem.

David Grossman
im Carl Hanser Verlag

Kommt ein Pferd in die Bar
Roman
Aus dem Hebräischen von Anne Birkenhauer
2016. 256 Seiten

»Ein ergreifend trauriger und grausam komischer Roman, hinter dessen Lachfalten das Elend seines Helden immer schmerzhafter hervortritt. Dieses Buch ist David Grossmans bislang riskantestes und innovativstes erzählerisches Abenteuer, immer auf Messers Schneide zwischen Farce und Tragödie, Grauen und Mitleid, Höllengelächter und Höllenpein.« Sigrid Löffler, *Deutschlandradio Kultur*

»Eine ebenso einfache wie unfassbare Geschichte, elementar, existenziell, knapp orchestriert, mit minimalem Setting, krachendem Witz und doch so abgründig, dass es einen schaudert. Er spielt mit unseren Gefühlen, krempelt uns an Leib und Seele um. Dabei ist das Ganze so unterhaltsam wie ein Abend im Varieté. ... Wie kann man das Leid eines anderen anerkennen, wie durch einen Blick zu verstehen geben, dass man es sieht? Das ist die große Frage dieses Romans, dem die Geschichte Israels ebenso in den Knochen sitzt wie David Grossmans Lebenserfahrung.« Meike Feßmann, *Der Tagesspiegel*

David Grossman
im Carl Hanser Verlag

Eine Frau flieht vor einer Nachricht
Roman
Aus dem Hebräischen von Anne Birkenhauer
2009. 730 Seiten

»Meisterhaft erzählt David Grossman von Liebe und erotischen Leiden-
schaften, von Männerfreundschaft und den leisen Nuancen des Alltags
in einem von Gewalt und Angst zermürbten Land.«

Anat Feinberg, *Die Welt*

»Es ist nicht zuletzt die geradezu zärtliche Geduld, mit der Grossman
seine Geschichte wachsen lässt, die diesen Roman so ergreifend macht.
Ohne jedes Pathos, ohne jede Sentimentalität entsteht vor den Augen
des Lesers ein Raum aus Worten, der die Zerbrechlichkeit der menschlichen Existenz ausspricht und bewahrt.«

Meike Feßmann, *Süddeutsche Zeitung*

»Man liest immer langsamer, weil man nicht will, dass der Roman auf-
hört. Noch Tage danach ist man wie benommen und voll von dieser Ro-
manwelt, die ein Leben nicht retten konnte, die aber ihrerseits Rettung
ist, weil man in einer Welt ohne Bücher wie dieses gar nicht leben will «

Julia Encke, *Frankfurter Allgemeine Sonntagszeitung*